Verbrecherisches Wien

Gefördert von der Stadt Wien Kultur

Stadt Wien

Danke, dass Sie sich für unser Buch entschieden haben.
Wir freuen uns, wenn wir Sie auch weiterhin über unsere Neuerscheinungen informieren dürfen, und laden Sie ein,unseren Newsletter unter **www.ueberreuter.at** zu abonnieren.

3. Auflage 2022

ISBN 978-3-8000-7764-9

Lektorat: Caroline Metzger
Covergestaltung: Saskia Beck, s-stern.com
Coverfoto: © Michael Jäger
Fotos innen: © Alexander Blümel
Satz: Saskia Beck, s-stern.com
Druck und Bindung: Finidr s. r. o., Cesky Tesin

www.ueberreuter.at

GABRIELE HASMANN
SABINE WOLFGANG

Verbrecherisches Wien

Kriminalistische Stadtspaziergänge

ueberreuter

INHALT

VORWORT

Kaum etwas fasziniert die Menschen mehr als Verbrechen. Doch im Gegensatz zu den häufig fast schon absurden Gräueltaten in diversen Krimis und Thrillern, bei welchen sich Autoren in den Schilderungen kreativer Schauplätze und abartiger Folter- und Tötungsvarianten zu überbieten versuchen, wurden die in diesem Buch gesammelten Morde von realen Personen begangen. Und nichts erzählt bessere Geschichten als das Leben! Es ist nichts Eigenartiges oder gar Verwerfliches daran, wenn wir die Tatorte hochkrimineller Handlungen mit eigenen Augen sehen und die Aura des Bösen vor Ort spüren wollen. Es liegt in der Natur unserer Spezies, durch sinnliche Erfahrung zu lernen, zu verstehen und zu verarbeiten. Und natürlich soll auch nicht unter den Tisch fallen, dass Menschen gerne ihre Neugierde und Sensationslust befriedigen, indem sie dem Verbrechen auch physisch nahekommen.

Genau das können Sie mit diesem Buch tun: über die schauerlichsten Gewalttaten, die in der Donaumetropole vom 17. bis zum 20. Jahrhundert passiert sind, nicht nur lesen, sondern die Schauplätze live erleben. Auf kleinen, aber feinen Touren führen Sie die beiden Autorinnen durch die Stadt und zeigen Ihnen dabei mörderische Gassen, Winkel und Ecken, an denen einst fürchterliche Dinge geschehen sind, die garantiert Gänsehautmomente verursachen. Zugleich begeben Sie sich bei den beschriebenen Spaziergängen auf eine Zeitreise durch das historische Wien, als die Bewohner sich zum Tratschen auf den Märkten versammelten, seltsame Duftgemische die Luft erfüllten und den ganzen Tag das Hufklappern von Pferden zu hören war, das durch die schmalen und düsteren Straßen hallte.

Es handelt sich bei den erwähnten Verbrechen, von einigen Ausnahmen abgesehen, vorwiegend um eher ältere und unbekanntere Vergehen, da die aktuellen und zur Genüge aus der Klatschpresse bekannten Fälle ohnehin leicht zu finden sind und keiner weiteren Besprechung mehr bedürfen.

Sie treffen aber auch einige modernere Schauplätze an, wo die Taten noch relativ präsent und nicht vom Hauch des Vergessens umweht sind.

Wir wünschen Ihnen viel Spaß beim Entdecken der Orte ungewöhnlicher und interessanter sowie brutaler und skrupelloser Verbrechen, die genauso zum Kosmos der Stadt Wien gehören wie Kaiser Franz Joseph I., Mozart und der Stephansdom.

Herzlichst
Gabriele Hasmann & Sabine Wolfgang

1. Bezirk

1 Der Opernmörder
2 Die sadistische Blutgräfin
3 Attentat auf den Professor
4 Lynchjustiz an einem Minister
5 Die Fehde der Würstelverkäufer
6 Wie im Film
7 Der Mord auf Nummer sicher
8 Ein unheiliges Verbrechen
9 Die erdrosselte Grabennymphe
10 Der gewaltsame Tod eines Mathematikers

Franz-Josefs-Kai
Donau
Schwedenplatz
Urania
6
5
Rotenturmstraße
Wollzeile
Stephansdom
7
8
Kärntnerstraße
9
Himmelpfortgasse
Seilerstätte
10
Parkring
Wien
Stadtpark

1 DER OPERNMÖRDER

Am 25. Mai 1869 wurde die Wiener Staatsoper am **Opernring 2** im 1. Wiener Gemeindebezirk Innere Stadt, die seither als einer der bekanntesten Musikpaläste der Welt gilt, mit der Premiere der Mozartoper *Don Juan* eröffnet. Der markante Prachtbau mit 1709 Sitzplätzen bietet bis heute ein umfassendes Repertoire, präsentiert von den international größten Stars der Opernwelt und dem Staatsopernorchester. In jeder Spielzeit stehen rund 350 Vorstellungen auf dem Programm.

Kurz vor einer Aufführung von Richard Wagners *Walküre* wurde am 12. März 1963 die 11-jährige Balletttänzerin Dagmar Fuhrich tot im Duschraum der Garderobe entdeckt. Das Kind, das sich am Weg zu einer Probe befunden hatte, war mit 34 Messerstichen ermordet worden. Vom Täter fehlte jede Spur. Die spektakuläre Gewalttat an einer so prominenten Adresse schrieb österreichische Kriminalgeschichte und schlug auch im Ausland hohe Wellen.

Zufällige Entdeckung des Attentäters

14.000 Überprüfungen und Vernehmungen in den Wochen nach dem brutalen Opernmord blieben erfolglos und führten allesamt ins Nichts. Der damalige Wiener Polizeipräsident mobilisierte sämtliche Kräfte, um den Fall so rasch wie möglich aufzuklären, und bat auch die Presse um intensive Mithilfe. Drei Zeugen gaben zwar an, den Messerstecher am Tatort gesehen zu haben, doch die Aussagen waren widersprüchlich und halfen nur bedingt weiter.

Erst drei Monate später stießen die Behörden über Umwege auf eine Spur, als mehrere Frauen in der Innenstadt an verschiedenen Orten im Abstand von einigen Wochen von einem Messerattentäter verletzt wurden. Ein Vorfall auf der Tuchlauben, wo ein Mann versuchte, einer älteren Dame die Handtasche zu entwenden, zog die Überführung durch einen Sicherheitswachebeamten nach sich.

Bei dem Verdächtigen handelte es sich um den 33-jährigen Josef Weinwurm aus Haugsdorf in Niederösterreich, wohnhaft in der Gentzgasse im 18. Wiener Gemeindebezirk Währing, mit zahlreichen Vorstrafen wegen Diebstählen. Mit 17 Jahren war er bereits vor dem Jugendgericht gestanden, da er ein Mädchen mit vorgehaltener Pistole dazu gezwungen hatte, sich vor ihm nackt zu zeigen. Zwei Jahre später folgte der Überfall auf eine Frau mit einer Schere, was die Einweisung in eine Nervenanstalt nach sich zog. Nur eine Woche vor dem Opernmord war er aus dem Gefängnis Göllersdorf entlassen worden, wo er eine Strafe wegen Diebstählen und Eigentumsdelikten verbüßt hatte.

Im August desselben Jahres stellte sich heraus, dass hinter Weinwurm der Mörder der kleinen Dagmar Fuhrich steckte. Zuvor war bei einer Zeitung eine Ansichtskarte eingegangen, auf der er sich als „Mörder von der Oper" outete.

The show must go on

Der Messerattentäter wählte sein Opfer zufällig, da er an diesem Tag beim Streit mit seiner Mutter entstandene Aggressionen abbauen wollte. Er landete bei der Staatsoper und spazierte ungeniert hinein. Da er bereits früher ab und zu in die Damengarderobe des „Ersten Hauses am Ring" geschlichen war, um duschende Putzfrauen zu beobachten, kannte er den Weg dorthin in- und auswendig und zog keinerlei Verdacht als verirrter Eindringling auf sich. Er traf die junge Dagmar Fuhrich am Gang an und lockte sie, vorgebend, ein Arzt zu sein, in ein Duschabteil der Garderobe. Dort stach er 34-mal mit einem Messer auf das Opfer ein, ließ es in einer Blutlache zurück und verschwand anschließend. 13 Stiche hatten Herz und Lunge durchbohrt und waren bis zur hinteren Brustwand vorgedrungen.

Entdeckt wurde die halb entkleidete Leiche der ehrgeizigen Ballettschülerin, die später einmal Primaballerina hatte werden wollen, von einer diensthabenden Friseurin. Die Dame verständigte aber nicht sofort die Polizei, sondern zunächst ihre Kollegen, um die korrekte Vorgehensweise nach so einem Skandal zu besprechen. Herbert von Karajan, der damalige Direktor der Wiener Staatsoper, befand sich zu jener Zeit in St. Moritz und war nicht erreichbar. Letztendlich ging der Personaldirektor zu Fuß zur Polizeiwachstelle, um die grausame Tat zu melden und weitere Schritte einzuleiten. Während die ausverkaufte Opernvorstellung programmgemäß über die Bühne ging, wurde der kleine Sarg mit der 1952 geborenen Ballettelevin aus dem Opernhaus getragen.

Krankhafter Frauenhasser

Zur Tatzeit voll zurechnungsfähig, aber zeit seines Lebens dem weiblichen Geschlecht gegenüber abgeneigt, wurde Weinwurm im April 1964 am Wiener Landesgericht wegen Mordes und dreifachen Mordversuchs zu lebenslangem schwerem Kerker verurteilt. Zu seinem Geständnis fügte er die Aussage „Wenn ich aus der Haft herauskomme, werde ich es wieder tun" hinzu. Die Wiener Bevölkerung zeigte sich nach der Inhaftierung des Triebtäters erleichtert und besuchte ab sofort wieder beruhigt Vorstellungen im Musikpalast am Ring. Hinter Gittern arbeitete Weinwurm in der Buchbinderei und pflegte statt mit Mithäftlingen nur Kontakt zu Sittichen und Tauben, was ihm den Beinamen „Birdman von Stein" einbrachte. Seine Gesuche auf vorzeitige Entlassung wurden bis zuletzt abgelehnt.

Der aufsehenerregende Mord an der Ballettschülerin wurde nicht nur in den Medien umfassend behandelt, sondern zog große Anteilnahme beim Begräbnis am Grinzinger Friedhof nach sich, an dem 10.000 Menschen teilnahmen, darunter auch Herbert von Karajan. Der Opernmörder starb am 22. August 2004 mit 74 Jahren in der Strafanstalt Krems-Stein und hatte damit 41 Lebensjahre im Gefängnis verbracht. Bestattet wurde er in einem Armengrab am Kremser Friedhof. Einziger Gast beim Begräbnis war ein Beamter der Justizanstalt. Das Grab wurde zehn Jahre später aufgelassen.

Arkadengang der Wiener Staatsoper

2 DIE SADISTISCHE BLUTGRÄFIN

Mit rund 650 Opfern gilt die aus Ungarn stammende „Blutgräfin" Erzsébet Báthory laut *Guinnessbuch der Rekorde* aus dem Jahr 1988 als die größte Serienmörderin aller Zeiten. Die bestialischen Taten der Adeligen, die mehrere Schlösser in Österreich und anderen Ländern bewohnte, waren an Grausamkeit und Brutalität kaum zu überbieten. Sie lockte junge Mädchen auf ihre Besitzungen und folterte sie zu Tode. Eine der blutigen Spuren dieser schwer verhaltensgestörten Persönlichkeit, die ihre Verbrechen einerseits aus Langeweile, andererseits aus Sadismus beging, führt auch nach Wien. In ihrer Stadtwohnung in der **Augustinerstraße 12** im 1. Wiener Gemeindebezirk Innere Stadt misshandelte sie eine Sängerin in einem stundenlangen Gewaltexzess, bis diese starb, weil sie sich zuvor geweigert hatte, der Gräfin eine Privatvorstellung zu geben. Im Jahr 1611 hat man der Edeldame den Prozess gemacht und sie danach im Turmzimmer ihrer Burg in Čachtice bei zugemauerten Fenstern eingesperrt, wo sie drei Jahre später verstarb.

Düstere Kindheit und Ehe mit „schwarzem Ritter"

Erzsébet wurde 1560 in einem düsteren, zugigen Karpatenschloss nahe dem Dorf Ecséd als Nichte von Stephan Báthory geboren, der ab 1576 als König von Polen regierte. Damit gehörte sie einer der mächtigsten Familien der damaligen Zeit an, deren Reichtum so gewaltig war, dass sogar der Habsburgerkönig Matthias II. in ihrer Schuld stand. Das aristokratische Mädchen hatte keine schöne Kindheit, litt an Epilepsie und musste im Alter von neun Jahren mitansehen, wie seine beiden Schwestern von rebellischen Bauern vergewaltigt und aufgehängt wurden. Danach stand Erzsébet unter dem Einfluss ihres älteren Bruders, einem aggressiven Schläger und Frauenvergewaltiger, und ihres Onkels Gábor, einem praktizierenden Teufelsanbeter. Zugleich genoss sie eine gute Ausbildung, war jedoch bereits extrem labil.

Im Alter von 14 Jahren wurde Erzsébet mit Ferenc Freiherr Nádasdy verheiratet, dem sie im Laufe von 30 Jahren Ehe fünf Kinder gebar. Während ihr Gatte, wegen seiner Grausamkeit Feinden gegenüber auch „schwarzer

Ritter“ genannt, immer wieder in den Krieg zog und den Habsburgern im Kampf gegen die Osmanen beistand, langweilte sich die Edeldame in ihren Schlössern und wurde immer verhaltensgestörter. Sie machte zahlreiche Männer und Frauen zu ihren Sexualpartnern, unter anderem ihre lesbische Tante Klára, und beschäftigte sich mit Magie, Hexerei und Okkultismus.

Beginn einer langen Mordserie

Die erste Bluttat dürfte Erzsébet begangen haben, nachdem sie einen ihrer Geliebten dabei erwischt hatte, wie er mit der Küchenhilfe schlief. Sie folterte das Mädchen mit einer Schere, schnitt ihm, als es schrie, die Stimmbänder durch, und quälte es so lange, bis es unter furchtbaren Schmerzen verstarb.

Augustinerstraße 12

Bald danach begann sie, Kinder von Leibeigenen mit dem Versprechen einer finanziell lukrativen Anstellung auf ihr Schloss zu locken.

Im Sommer hielt sich die Aristokratin auch in ihrer Wiener Stadtwohnung in der Augustinerstraße 12 auf. Dort hatte sie einmal die Nachbarn über die talentierte ungarische Sängerin Ilona Harczy reden hören und lud diese zu sich ein, was die Künstlerin jedoch ablehnte. Erzsébet schwor daraufhin hasserfüllt, dass „dieses unhöfliche und hochnäsige Weib" nie wieder einen Ton von sich geben würde, ließ sie zu sich bringen und misshandelte sie in einem stundenlang dauernden Blutrausch zu Tode.

1604 starb der „schwarze Ritter" und hinterließ seiner Gattin das gesamte Familienvermögen. In der Folgezeit wurde die „Blutgräfin" immer hemmungsloser: Aus den später angelegten Prozessakten geht hervor, dass Erzsébet ihre Opfer zum Beispiel nackt von Hunden durch den Wald hetzen ließ, ihnen Nadeln in die Augen trieb, glühende Eisenteile auf die Haut presste oder den Mund zunähte.

Verhaftung und Prozess

Die „Blutgräfin" wurde im Dezember 1610 auf Burg Lockenhaus, die sie auch regelmäßig bewohnte, im heutigen Burg-Restaurant auf Befehl von König Matthias II. verhaftet. Bereits bei der ersten Untersuchung des Tatorts zog man dort 14 tote Mädchen aus einer Düngergrube. Nach Grabungen in dem labyrinthartigen Keller des Schlosses und den umliegenden Feldern tauchten schließlich laut Ermittlungsakten ganze „Berge von Leichen und Menschenknochen" auf.

Im folgenden Prozess wurde Erzsébet zu lebenslangem Freiheitsentzug verurteilt – als Adelige durfte sie nicht hingerichtet werden – und anschließend im Turmzimmer ihrer Burg in Čachtice bei zugemauerten Fenstern eingesperrt. Das Essen reichten ihr die Wächter durch eine Klappe in der Tür, durch die sie weiterhin ihre Unschuld beteuerte. Im August 1614 fand einer der Männer die 54-Jährige um zwei Uhr nachts tot auf dem Boden liegend auf. Gemeinsam mit der Gräfin angeklagt worden waren übrigens auch fünf ihrer Bediensteten, die man allesamt zum Tod verurteilte.

3 ATTENTAT AUF DEN PROFESSOR

Die Wiener Universität wurde – als älteste im deutschen Sprachraum – 1365 gegründet, im Oktober 1884 wurde das Hauptgebäude in Anwesenheit von Kaiser Franz Joseph I. eröffnet. Errichtet hat den eindrucksvollen Bau im Stil der italienischen Hochrenaissance der Architekt Heinrich Ferstel am **Universitätsring 1** im 1. Wiener Gemeindebezirk Innere Stadt. Über die nordseitig gelegene Festtreppe, Philosophenstiege genannt, gelangt man in den ersten Stock, wo sich früher das Philosophische Dekanat befand. Auch der Große und der Kleine Festsaal, der Senatssaal sowie das Rektorat sind darüber zu erreichen.

Moritz Schlick war ein deutscher Physiker, Philosoph und der Begründer des Wiener Kreises, der Beiträge über Naturphilosophie, Erkenntnislehre, Ethik und Ästhetik verfasst hat. Im Juni 1936 wurde der 54-Jährige auf der Philosophenstiege von seinem ehemaligen Studenten Hans Nelböck erschossen.

Unterschiedliche Weltanschauungen

Moritz Schlick promovierte 1904 und übernahm 1922 den Lehrstuhl für Naturphilosophie an der Universität Wien. Zwei Jahre später gründete er dort den Wiener Kreis, die bedeutendste philosophische Schule des 20. Jahrhunderts. Die Mitglieder der Vereinigung versuchten, moderne Logik, Naturwissenschaften und Philosophie in Einklang zu bringen, und hatten die Verbreitung einer „wissenschaftlichen Weltauffassung“ zum Ziel. Schlick galt als Leitfigur des logischen Empirismus und war der erste Philosoph, der die Erkenntnisse von Albert Einstein wertschätzte und das Glück als Grundrecht des Menschen ansah. Mit seinen Einstellungen machte er sich allerdings nicht nur Freunde, da ihm vorgeworfen wurde, eine unchristliche Philosophie zu betreiben.

Am 22. Juni 1936 befand sich Moritz Schlick gerade im Hauptgebäude auf dem Weg zu seiner letzten Vorlesung im Sommersemester, als er plötzlich von jemandem eingeholt wurde, der eine Waffe zückte und auf ihn zielte. Es handelte sich dabei um seinen ehemaligen Studenten Hans Nelböck, der fünf Jahre zuvor bei seinem Lehrer zum Thema „Die Bedeutung der Logik in Empirismus und Positivismus" promoviert und bereits zweimal zuvor gedroht hatte, ihn zu ermorden. Die Waffe trug er zu diesem Zeitpunkt schon ein ganzes Jahr lang mit sich herum.

Der Wissenschaftler zeigte seinen früheren Schüler an, der schließlich in eine psychiatrische Anstalt eingeliefert wurde. Nachdem man ihn einige Monate später jedoch als ungefährlich einstufte, entließ man ihn, um sich auf das Lehramt vorzubereiten. Doch kaum in Freiheit, lauerte er erneut seinem früheren Professor auf und das Spiel wiederholte sich. Schlick suchte daraufhin um Personenschutz an, was sich bis zum Stadtschulrat durchsprach. Nelböck war es deswegen unmöglich, eine Anstellung in einer Schule zu finden. Der verzweifelte Mann wurde somit noch mehr in dem Glauben bestätigt, dass Schlick seine Existenz zerstören wollte.

Insgesamt fünf Jahre verfolgte und bedrohte er den Professor, bevor dieser schließlich Opfer seiner Wahnsinnstat wurde.

Geständnis ohne Reue

Hans Nelböck wartete nach vollbrachtem Mord am Tatort auf seine Verhaftung, gestand sofort mit den Worten: „Ja, ja, ich bin der Täter" und zeigte keinerlei Reue. Stattdessen verteidigte er den Mord damit, mit den Anschauungen des Professors nicht im Einklang zu sein und sich verunsichert zu fühlen. Angeblich sah er in dessen Verhalten die ganze Gewissenlosigkeit seiner Weltanschauung ausgedrückt. Dazu hatte es einen Streit um Schlicks Studentin Sylvia Borowicka gegeben, in die Nelböck angeblich unglücklich verliebt war. Er verdächtigte seinen früheren Professor, mit ihr eine Affäre zu haben. Es ist jedoch wahrscheinlich, dass Nelböck das Motiv der Eifersucht als Deckung für seine eigentlichen ideologischen und politischen Motive verwendet hat.

Gedenktafeln zu Ehren des Philosophen

Der 33-jährige Nelböck wurde zu zehn Jahren Haft verurteilt, 1938 nach dem „Anschluss" aber vorzeitig auf Bewährung entlassen, woraufhin er sich damit rühmte, „durch die Beseitigung Schlicks dem Nationalsozialismus einen Dienst erwiesen" zu haben. Eine Inschrift am Steinboden eines Treppenabsatzes der Philosophenstiege erinnert seit 1993 an den Getöteten: *Moritz Schlick, Protagonist des Wiener Kreises, wurde am 22. Juni 1936 an dieser Stelle ermordet. Ein durch Rassismus und Intoleranz vergiftetes geistiges Klima hat zur Tat beigetragen.* Eine Gedenktafel gibt es seit 1991 auch an Schlicks früherem Wohnhaus in der Prinz-Eugen-Straße 68 im 4. Wiener Gemeindebezirk Wieden: *In diesem Haus wohnte 1922–1936 der bedeutende Philosoph und Universitätsprofessor Moritz Schlick (1882–1936), Kulturverein Wieden.*

Hauptgebäude der Wiener Universität

4 LYNCHJUSTIZ AN EINEM MINISTER

Im Haus mit der Adresse **Am Hof 2** im 1. Wiener Gemeindebezirk Innere Stadt, in dem sich im 19. Jahrhundert das Kriegsministerium befand, entdeckten Archäologen zu Beginn des 21. Jahrhunderts bei Grabungen Baureste von Gemäuern aus verschiedenen Epochen, und zwar die einer römischen Kaserne, eines Babenberger-Hofs und einer Abtei. In diesen früher existierenden Gebäuden wurde unter anderen Kaiser Barbarossa empfangen oder gastierten die Minnesänger Rainmar von Hagenau und Walther von der Vogelweide. Auf dem freien Platz davor wurden im Mittelalter Hinrichtungen durchgeführt und Märkte abgehalten. An dieser Adresse befindet sich heute ein 5-Sterne-Hotel.

Mitte des 19. Jahrhunderts standen vor dem Haus, das das Kriegsministerium beherbergte, riesige Gaskandelaber. An einem davon haben Aufständische im Jahr 1848 Theodor Graf Baillet de Latour gelyncht, weil der damalige österreichische Kriegsminister ein Bataillon zum Kampf gegen aufständische Ungarn entsenden wollte. Seine Leiche hing dort sieben Stunden lang, bevor man sie abnehmen konnte. Diese Tat markierte den Beginn des Wiener Oktober-Aufstands.

Latours schlechteste Entscheidung

Theodor Graf Baillet de Latour, geboren 1780 in Österreich als Sohn eines belgischen Kavalleriegenerals, trat bereits im Alter von sieben Jahren in die Theresianische Militärakademie Wiener Neustadt ein. Er wurde früh mit Generalstabsaufgaben betraut und nahm schon 1797 an ersten kämpferischen Handlungen teil. Nach überstandener Kriegsgefangenschaft zeichnete er sich in weiteren Schlachten durch taktisches Geschick und großen Mut aus, wofür man ihn 1812 mit dem Ritterkreuz des Maria-Theresia-Ordens auszeichnete. Rasch stieg er zum Generalmajor und anschließend zum Feldmarschallleutnant auf und war zudem Inhaber des 28. Linien-Infanterie-Regiments. Zuletzt wurde er im April 1848 als entschiedener Verfechter der Konservativen zum Kriegsminister der konstitutionellen Regierung Österreichs ernannt. In dieser Funktion wollte

Latour im selben Jahr die Truppenbewegungen des kroatischen Adeligen und österreichischen Generals Joseph Jelačić von Bužim unterstützen und ihm ein Wiener Bataillon schicken, das an der Seite des Feldherrn gegen die Aufwiegler in Ungarn kämpfte. Diese Entscheidung sollte zu seinem Todesurteil werden.

Der Beginn des Wiener Oktober-Aufstands

Als die kaiserlichen Truppen am 6. Oktober 1848 auf Latours Befehl aufbrechen wollten, versuchten die mit den Ungarn sympathisierenden Wiener Arbeiter, Hochschüler und Rebellen, den Abmarsch zu verhindern. Zugleich meuterte in der damaligen Vorstadt Gumpendorf ein Grenadierregiment, das den Befehl des Kriegsministers missachtete und aus Protest die Einrichtung der eigenen Kaserne demolierte. Stunden später schlossen sich auch die Akademische Legion, ein studentisches Freikorps, und Teile der bürgerlichen Nationalgarde den Revoltierenden an. Eilig wurde Generalmajor Hugo von Bredy mit der Führung einer kaiserlichen Gegenwehr beauftragt, um den Abmarsch des Bataillons nach Ungarn doch noch zu ermöglichen. Während einer der folgenden Kämpfe mit den Aufständischen verlor Bredy sein Leben. Kurz darauf sahen sich die Truppen gezwungen, angesichts der zahlenmäßig überlegenen Rebellen den Rückzug anzutreten. In der Folge kam es zu weitreichenden Straßenschlachten, in welchen zahlreiche Menschen ihr Leben verloren – sogar im Stephansdom wurden einige Schutzsuchende umgebracht. Schon gegen Mittag war der kaiserliche Hof rund um Ferdinand I. aus Wien geflohen, und nach der Eroberung des Kaiserlichen Zeughauses in der Renngasse verließ auch das kaiserliche Militär die Stadt, die sich anschließend in der Hand der Revolutionäre befand.

Die Leiche am Laternenpfahl

Bereits zu früherer Stunde waren die Aufständischen in das Kriegsministerium Am Hof 2 eingedrungen, hatten Theodor Graf Baillet de Latour ermordet, seinen Leichnam ins Freie geschleift und an einen auf dem Platz vor dem Gebäude befindlichen Gaskandelaber geknüpft.

Seit diesem Anschlag gilt das damals erfundene Wort „laternisieren" als geflügelter Ausdruck dafür, sich für die Ausnutzung staatlicher Autorität zu rächen. Die Widerständler drohten künftig mit dem Begriff, dieselbe

Art der Exekution an weiteren Personen durchzuführen. Aber auch dem betroffenen Laternenpfahl erging es nicht gut: Man hat ihn, nachdem der tote Körper des ermordeten Kriegsministers dort sieben Stunden lang hing, vom Platz verbannt. Er und der zweite vor dem Gebäude befindliche Mast wurden durch die heutigen Beleuchtungskörper ersetzt.

Aus dem Laternenanzünder-Postenbuch der englischen Gasgesellschaft ist folgendes handschriftliches Zitat erhalten: „Der vor dem Hofkriegsrätlichen Gebäude aufgestellt gewesene Candelaber wurde wegen der am 6. Oktobier 1848 vom Grafen Baillet de Latour, k. k. Feldzeugmeister und Kriegsminister, verübten schändlichen That am 1. November 1848 vom k. k. Militär vernichtet."

Am Hof 2

5 DIE FEHDE DER WÜRSTELVERKÄUFER

Der **Hohe Markt** im 1. Wiener Gemeindebezirk Innere Stadt gilt als einer der ältesten Plätze Wiens. Ab dem Ende des 13. Jahrhunderts wurde auf dem Areal ein Fischmarkt abgehalten, im 15. und 16. Jahrhundert zierten es vornehme Stadthäuser. Seit dem 18. Jahrhundert befindet sich dort der Vermählungsbrunnen, auch Josephsbrunnen genannt. Besonders bekannt ist die Ankeruhr, eine im Jugendstil errichtete Spieluhr.

Im Mai 1904 endete auf dem Platz ein unerbittlicher Kampf zwischen den Geschäftsmännern Josef Bruckner und Johann Bachl tödlich. Der 44-jährige Bruckner betrieb seinen Standplatz für den Verkauf von Wurstwaren am Hohen Markt 1 bereits seit Jahren und fühlte sich durch seinen neuen Konkurrenten, den 32-jährigen Johann Bachl, in seiner Existenz bedroht. Nach monatelangen Streitereien schoss Bruckner seinen Rivalen vor der Arbeit an und richtete sich daraufhin selbst.

Alles zunächst ganz harmlos

Am Morgen des 10. Mai 1904 ereignete sich am Hohen Markt ein Drama unter zwei Würstelstandbetreibern. Der Viktualienhändler (so bezeichnete die Amtssprache einen Verkäufer von heißen Würsteln) Josef Bruckner lockte tagtäglich hungrige Wiener in Scharen an, machte gute Geschäfte und konnte mit dem Verkauf seiner Ware Frau und Kinder versorgen. Doch eines Tages siedelte sich gegenüber seinem Stand ein zweiter Würstelmann, Johann Bachl aus Ottakring, an, der dem eingefleischten Händler ordentlich Konkurrenz machte und finanzielle Einbußen bescherte. Für Bruckner startete damit ein unerbittlicher Kampf mit dem Erzfeind, der mit seinem eigenen Tod enden sollte. Beschimpfungen und Drohungen unter den Händlern standen ab diesem Zeitpunkt an der Tagesordnung, vorwiegend von Bruckner initiiert, der sich in seinem Monopol bedroht fühlte. Die täglichen, erbitterten Streitereien unter den Würstelmännern amüsierten die Kunden zuerst, arteten aber bald in körperliche Rangeleien und gefährliche Angriffe aus.

Erbitterter Konkurrenzkampf

Bruckner attackierte Bachl eines Tages mit einem Messer, drohte ihn umzubringen und wurde daraufhin zu einer zweimonatigen Freiheitsstrafe verurteilt, die er nicht sofort anzutreten hatte. Er fürchtete, dass die Kunden in seiner Abwesenheit erst recht zur Konkurrenz wechseln würden, bis er schließlich komplett ruiniert wäre. Diese bedrohliche Fantasie nährte die Existenzängste des erfahrenen Würstelhändlers noch mehr, sodass er schließlich auf der Mariahilfer Straße einen Revolver erwarb, fest entschlossen, sich selbst umzubringen. Mit Waffe und dolchartigem Messer in der Hand irrte er durch die Stadt, doch die Gedanken an seine Frau und Kinder brachten ihn von seinen Plänen wieder ab. Scheinbar geläutert kehrte er in seine Wohnung in die Syringgasse 3 in Hernals zurück.

In der folgenden Nacht aber erwachte sein Groll erneut. Bruckner marschierte zum Burgplatz, kniete nieder und feuerte einen Schuss mit seiner Waffe ab. Laut eigener Aussage wollte er damit nur Aufmerksamkeit auf seine aussichtslose Lage lenken und die bevorstehende Kerkerstrafe in eine Geldstrafe umwandeln.

Diese verrückte Aktion bewirkte allerdings das Gegenteil und der verbitterte Würstelmann wurde festgenommen, was den Hass auf seinen Konkurrenten noch weiter steigerte. Am nächsten Morgen wurde der Unruhestifter, der als nicht fluchtverdächtig galt, wieder freigelassen. Nun drohte ihm wegen seiner wahnwitzigen Aktion aber eine weitere Strafe, nämlich ein Verfahren wegen Vergehens gegen die Sicherheit des Lebens durch Abgabe eines Schusses und wegen Übertretung des Waffenpatents. Bruckner zerbrach beinahe an der Verzweiflung und verlor daraufhin endgültig den Kopf.

Showdown der Würstelmänner

Am Morgen des 10. Mai 1904 war Marktbetreiber Johann Bachl bereits um sieben Uhr früh an seinem Standplatz vor dem Haus am Hohen Markt 8 anwesend, um sich für die Geschäfte des Tages vorzubereiten. Wie aus dem Nichts kam Bruckner entschlossen auf ihn zu, sprach kein Wort, zog eine Waffe und schoss auf seinen Erzfeind. Der erste Treffer ging in Bachls Brust, der daraufhin zur Flucht ansetzte, doch der Attentäter legte nach und feuerte ein zweites Mal, diesmal in seinen Rücken. Daraufhin richtete Bruckner die Waffe gegen sich selbst, schoss sich in die Mundhöhle und war auf der Stelle tot. Zahlreiche entsetzte Passanten sahen die Bluttat mit an und konnten kaum glauben, dass die anfangs belächelte Fehde zwischen den Würstelstandbetreibern nun auf so grausame Weise endete. Bachl wurde ins Spital der Barmherzigen Brüder gebracht und überlebte das Attentat.

Am Hohen Markt 5 gibt es nach wie vor einen Würstelstand, der auch heute noch als beliebter Treffpunkt für Nachtschwärmer gilt.

6 WIE IM FILM

An der Adresse **Bauernmarkt 22** im 1. Wiener Gemeindebezirk Innere Stadt errichtete Anton Hein 1908 ein Eckhaus in neobarockem Stil. 1920 baute man das Erdgeschoß für das *Imperial-Kino* um, das 1911 dort gegründet und 2008 geschlossen wurde. Im Stiegenhaus sind noch originale Geländer und Aufzugsgitter erhalten. Das *Hotel Schweizerhof* befindet sich ebenso an dieser Adresse, steht allerdings seit 2016 leer.

Im November 1958 wurde der Nachtportier des *Hotel Schweizerhof* beraubt und erschossen. Nur durch Zufall stieß die Polizei auf den 28-jährigen Bäckergehilfen Johann Bergmann, den selbsternannten „Al Capone aus Österreich", der bereits weitere Morde und Mordversuche zu verzeichnen hatte und Jahre zuvor als „Stephansdomkletterer" in die Geschichte eingegangen war.

Inspiriert vom Kino

Johann Bergmann wurde 1930 geboren, musste bereits früh Strafen wegen Diebstahls im Gefängnis absitzen und landete im Erziehungsheim und in Jugendanstalten. Zeit seines Lebens litt er unter seiner zu großen Nase und war seit seiner Kindheit mit ständigen Hänseleien konfrontiert. Zum ersten Mal in den Fokus der öffentlichen Aufmerksamkeit rückte er im Dezember 1954, als er auf die höchste Spitze des Stephansturms kletterte. Bergmann drohte damit, sich umzubringen, wenn er nicht 3.000 Schilling erhielte und bekam nach langen Verhandlungen ein Drittel der geforderten Summe. Diese Aktion bescherte ihm einen weltweiten Bekanntheitsgrad, aber auch die Einlieferung in ein Sanatorium für psychische Erkrankungen. Im selben Jahr verübte er ebenso einen Überfall auf einen Juwelier im 5. Wiener Gemeindebezirk Margareten und wurde zu mehreren Monaten schweren Kerkers verurteilt. Im April 1958 unterzog er sich einer Nasenoperation.

Während am 20. November 1958 im *Imperial-Kino* gerade der Streifen *Tödliche Tiefen* mit Clark Gable lief, wurde der Portier des *Hotel Schweizerhof*, Rudolf Topf, Opfer eines bewaffneten Raubüberfalls. Da die Polizei vermutete, der Täter sei ins Kino geflüchtet, umstellte sie das Gebäude und durchsuchte jeden Filmbesucher, auf den die Täterbeschreibung passte. Es konnte jedoch keine Person mit einer Pistole gefunden werden.

Zwei Monate vorher, am 25. September 1958, hatte man in der Schleifmühlgasse 18 im 4. Wiener Gemeindebezirk Wieden die Leiche von Juliane Emsenhuber entdeckt. Der Kopf der 58-jährigen Prostituierten war mit einem stumpfen Gegenstand zertrümmert worden. Der Mord blieb zunächst ungeklärt, bis am 28. November desselben Jahres ein Überfall in der Eisengießereifirma August Klär & Söhne in der Holochergasse im 15. Wiener Gemeindebezirk Rudolfsheim-Fünfhaus verübt wurde. Ein Mann fuhrwerkte mit einer Pistole in der Hand umher und schrie dazu: „Geld her, sonst geht's dir wie dem Portier vom Bauernmarkt!" Mit einer Beute von 4.580 Schilling flüchtete der Unbekannte, woraufhin der Bruder des Firmenbesitzers mit einem Lieferwagen die Verfolgung aufnahm. An der Kreuzung Preysinggasse/Goldschlagstraße zückte der Dieb seine Pistole, schoss auf den Lenker des Lieferwagens und verletzte ihn schwer. Nun übernahm die Polizei, bis bei der Stadthalle schließlich die Handschellen für den Mann klickten, der sich schlicht als „Al Capone" bezeichnete. Und schon bald sollte sich ein Puzzleteil zum anderen fügen.

Alles für den Ruhm

Durch den Abgleich der Fingerabdrücke wurde bald klar, dass es sich bei dem Räuber um den 28-jährigen polizeibekannten Johann Bergmann handelte, der auch für den Tod des Portiers vom *Schweizerhof*, Rudolf Topf, verantwortlich war. Den Mann hatte er laut eigener Aussage ermordet, weil er wissen wollte, wie jemand, der mit einer Pistole bedroht wird, reagierte.

Bergmann hatte den Portier zunächst gebeten, eine Münze zu wechseln. Während dieser in die Geldlade griff, stieß er ihn rücklings vom Sessel und entsicherte die Pistole. Topf wehrte sich und griff nach einem Gegenstand, woraufhin Bergmann einen Schuss abfeuerte.

Auch der Mord an der Prostituierten Juliane Emsenhuber ging auf Bergmanns Konto. Nachdem er sich im Kino den Film *Das Mädchen Rosemarie* angesehen hatte, wurde er zu einer Gewalttat animiert, kam mit Juliane ins Gespräch und ging mit in ihre Wohnung. Tags darauf besorgte er sich einen Schlögelhammer, kehrte zu seiner Bekannten zurück und versetzte ihr mit dem Werkzeug einen Schlag auf den Rücken. Er nahm Emsenhubers Geldbörse mit 532 Schilling an sich und verließ den Ort des Geschehens.

Am 18. Juli desselben Jahres hatte Bergmann einen weiteren Mord begangen, nämlich an Josefa Kollmann, der er in einer psychiatrischen Anstalt begegnet war. In einem Wald nahe Kainbach bei Graz hatte er sie bei einem gemeinsamen Spaziergang in Folge von angeblichen Hänseleien wegen seiner Nase erwürgt. Daraufhin versteckte er die Leiche, die erst drei Wochen später stark verwest gefunden wurde. Es konnte nicht mehr festgestellt werden, ob Kollmann eines gewaltsamen Todes gestorben war. Bergmann gab später zu Protokoll, während der Ermordung die Arie des Othello gesungen zu haben und dass sein Opfer genau wie Desdemona sterben musste. Sein Motiv lautete Geltungssucht. Er wollte bekannter werden als Alfred Engleder, der Frauen mit dem Fahrrad umgefahren und sie danach vergewaltigt hatte.

Die filmreife Gerichtsverhandlung von „Österreichs Staatsfeind Nummer 1"

Vor Gericht inszenierte sich Bergmann wie ein Filmstar und sagte unter anderem: „Ich werde weiterhin morden, auch im Gefängnis." Immer wieder kam er während der Verhandlung auf seine Nase zu sprechen, da er mit dem Operationsergebnis nicht zufrieden war. Zeit seines Lebens wollte er selbst auf der Bühne stehen und bejubelt werden. Laut psychiatrischem Gutachten galt Bergmann als zurechnungsfähig, litt aber an einer hysterischen Fehlhaltung.

Am 1. Juni 1960 wurde er wegen dreifachen Mordes, zweifachen Mordversuchs und anderer Straftaten für schuldig befunden und zu lebenslangem

Kerker verurteilt. Am Ende der Urteilsverkündung sagte er: „Ich habe eine einzige, wohlbegründete Bitte, dic ich bis jetzt nicht aussprechen konnte. Ich bitte die Damen und Herren Geschworenen, den hohen Gerichtshof und die Allgemeinheit nur um eines: Bitte leckt mich alle am Arsch."

7 DER MORD AUF NUMMER SICHER

An der Stelle des heutigen Geschäftsgebäudes mit der Adresse **Am Graben 31** im 1. Wiener Gemeindebezirk Innere Stadt befanden sich im Mittelalter ein Sudhaus für Honig- und Metsieder, die Branntweinbrennerei *Zur blauen Flasche* und die Apotheke *Beim roten Kreuz*. 1867 entstand der Aziendahof mit glasüberwölbter Passage und Marmorfassade, der sich bis zu seiner Vernichtung im April 1945 durch einen Brand im Besitz der Familie Rothschild befand.

In diesem Haus ermordete im Oktober 1876 der adelige Italiener Enrico von Francesconi in seiner Wohnung im vierten Stock den Briefzusteller Johann Guga. Er schoss zunächst auf sein Opfer, versuchte dann, es zu erdrosseln und erstach es schließlich, um sich des Inhalts einiger Wertsendungen zu bemächtigen. Der Edelmann hatte während des Börsenkrachs 1873 sein Erbe verloren und wollte in Wien irgendwie zu Geld kommen. Francesconi, dem man rasch auf die Schliche kam, wurde zum Tod verurteilt und als erster Delinquent im Hof des Landesgerichtsgebäudes im 8. Wiener Gemeindebezirk Josefstadt hingerichtet.

Der fesche Italiener mit Geldsorgen

Der 26-jährige Enrico Edler von Francesconi entstammte einer angesehenen italienischen Familie und wuchs in Genua auf. Sein Vater war ein 1859 verstorbener Oberst in der Armee, seine Mutter, eine Spanierin mit dem Nachnamen Mendoza, lebte mit einem weiteren Sohn und einer Tochter in Florenz. Eines Tages beschloss der junge Mann, als Handelsagent um die Welt zu reisen, wobei er mehr Geld verprasste, als er verdiente. Anschließend arbeitete er in Klagenfurt als Korrespondent, wurde im Sommer 1876 jedoch von seinem Arbeitgeber entlassen – er hatte ein intimes Verhältnis mit der Bedienertochter Karoline begonnen und die 17-Jährige geschwängert. Im September begab er sich nach Wien und mietete sich im Aziendahof Am Graben 31, 4. Stock, Tür 8, ein. Eine Weile konnte er noch von seinem verbliebenen Erbe zehren und sich zusätzlich ein paar Gulden mit dem Unterrichten seiner Muttersprache dazuverdienen. Dann sorgte allerdings der Börsenkrach im Jahr 1873 für die „vollständige Zerrüttung seiner Finanzen", wie er es selbst später ausdrücken sollte. „Ich stand unter Schock, mich plagten Existenzängste und Zukunftssorgen, diese raubten mir den Schlaf und trieben mich endlich zu dem Verbrechen", rechtfertigte sich der dunkelhaarige Italiener mit dem gepflegten Schnurrbart und den tiefbraunen Augen nur Wochen nach der grausamen Tat vor Gericht.

Der dreifache Mord und eine rasche Festnahme

Am 18. Oktober 1876 war der seit vielen Jahren bei der k. u. k. Postanstalt beschäftigte Briefträger Johann Guga frühmorgens mit einigen Wertsendungen aufgebrochen. Als er nicht zur gewohnten Zeit zurückkehrte, stellte sein Arbeitgeber Nachforschungen an und erfuhr, dass der Bote zuletzt während der Zustellung eines Geldbriefs bei einem gewissen Alphons Mendoza im Aziendahof gesehen worden war. Bei dem Empfänger handelte es sich allerdings um Francesconi, der ein paar Banknoten an sich selbst geschickt hatte, um den Zusteller in seine Wohnung zu locken. Die Tat wurde im Verlauf der Verhandlung wie folgt geschildert: „Als Guga die Wohnung betrat und sich einmal umwandte, schoss der Verdächtige auf ihn, sodass der Mann zu Boden fiel. Anschließend schlitzte der mutmaßliche Täter mit einem Dolch alle Briefe auf und entnahm die Barschaften in einem Gesamtwert von 13.080 Gulden. Währenddessen bemerkte er, dass sein Opfer noch lebte und wollte es mit einer Seidenschnur erdrosseln. Als das immer noch nicht zum Tod des Mannes führte, erstach er den 59-Jährigen mit seinem Dolch. Dieses Verbrechen ist an Berechnung, Grausamkeit und Kaltblütigkeit nicht zu überbieten!"

Am Tag des Verschwindens von Johann Guga klingelte die Polizei vergebens bei Alphons Mendoza. Schließlich brach sie die Tür auf und fand darin den Briefträger mit durchschnittener Kehle in seinem Blut liegend vor. Die in seinem Besitz gewesenen Kuverts lagen zerrissen auf dem Boden, von dem darin enthaltenen Geld fehlte jede Spur.

Verhaftung, Verhandlung, Gnadengesuch und Hinrichtung

Ein am Tatort gefundenes Sacktuch mit den Initialen E.F. sowie ein in der Wohnung verbliebener Lodenhut, den eine gewisse Karoline Farnig als den ihres Geliebten Francesconi identifizierte, führten rasch auf die Spur des Mörders. Dank des Hinweises eines Kutschers, der den Mann kurz nach dem Verbrechen zur Zugstation gebracht hatte, konnte die Polizei den gierigen Edelmann am 20. Oktober nachts bei einer Haltestelle der historischen Südbahn verhaften.

Mitte November trat der optisch um 20 Jahre gealterte Italiener vor das Richterpult und nahm nach einer relativ kurzen Verhandlung gefasst das Urteil entgegen: Tod durch den Strang. Seine Mutter bot daraufhin in ihrer Verzweiflung an, ihr gesamtes Erspartes im Wert von 15.000 Lire Gugas Witwe zu schenken, wenn die Strafe in Kerkerhaft umgewandelt würde. Ende November ersuchte Karoline Farnig um eine Audienz bei Kaiser Franz Joseph I., um ein Gnadengesuch für ihren Geliebten einzubringen. Die Bemühungen der beiden Damen blieben jedoch ohne Wirkung. Und so wurde der Mörder am 17. Dezember 1876 aus seiner Armesünderzelle Nr. 55 im Landesgericht Wien geholt und in den Galgenhof desselben Gebäudes gebracht, wo der Scharfrichter Heinrich Willenbacher das Todesurteil exekutierte.

Imperial-Kino am Bauernmarkt 22

8 EIN UNHEILIGES VERBRECHEN

Das erzbischöfliche Curhaus wurde Mitte des 18. Jahrhunderts anstelle der Bauhütte von St. Stephan, in der die an der Errichtung der Kirche beteiligten Steinmetze sowie der Dombaumeister gewohnt hatten, errichtet. Heute sind in dem Gebäude diverse diözesane Einrichtungen und Kanzleien sowie Wohnungen für den Klerus untergebracht.

Im März 1892 ereignete sich in den heiligen Hallen des Curhauses am **Stephansplatz 3** im 1. Wiener Gemeindebezirk Innere Stadt ein grausames Verbrechen, dem der 70-jährige Leopold Buchinger zum Opfer fiel. Der Kirchendiener wurde von einem Priester in seinem Zimmer tot auf dem Boden liegend vorgefunden, als dieser ihn wegen einer Besprechung aufsuchen wollte. Da das in der Wohnung befindliche Bargeld nicht angetastet worden war, schloss die Polizei Raubmord aus und vermutete einen Racheakt. Das unheilige Verbrechen an dem alten Mann konnte nie aufgeklärt werden.

Ein Toter im Curhaus

Leopold Buchinger stand seit August 1859 im Dienste der Kirche und lebte in einem winzigen Quartier im Hochparterre des Curhauses. Am Abend des 14. März 1892 wollte einer der geistlichen Herren, der ebenfalls in dem Gebäude wohnte, etwas mit dem Angestellten besprechen. Doch als er versuchte, die Wohnungstür zu öffnen, verspürte er einen Widerstand, den er unter großer Kraftanstrengung zu überwinden versuchte. Anschließend zwängte er sich durch den entstandenen Spalt in den Raum, tastete sich in der Dunkelheit vorwärts und stieß sofort mit dem Fuß auf ein großes Hindernis. Der Priester entzündete ein Streichholz und schrie gleich darauf entsetzt auf, als er einen reglosen Körper erblickte. Er rief sofort alle anwesenden Personen im Curhaus zusammen und verständigte die Polizei. Nachdem einige Priester mit Kerzen herbeigeeilt waren, konnte man im hellen Schein erkennen, dass der alte Mann in einer Blutlache mit dem Gesicht nach unten auf dem Boden lag. Vom linken Ohr bis zur Mitte des Hinterhaupts fand sich eine klaffende Wunde in der mehrfach gebrochenen Schädeldecke, die ein unbekannter Täter Leopold Buchinger, allem

Anschein nach mit einem stumpfen Gegenstand, zugefügt hatte. Nach dem Umwenden des Toten erblickte man zudem eine tiefe Schnittverletzung am Hals, bei der Muskeln und Sehnen durchtrennt worden waren.

Das bescheidene Leben des Kirchendieners

Leopold Buchinger verdiente sechs Gulden im Monat, die er eisern zur Seite legte. Er ging nie ins Wirtshaus, sondern verblieb nach der Arbeit Tag für Tag in seinem Zimmer. Mit dem zweiten Kirchendiener Johann Sperl verkehrte er nur dienstlich und pflegte auch sonst keine freundschaftlichen Beziehungen. Da er auch von den einzelnen Geistlichen regelmäßig Zuwendungen neben seinem Lohn erhielt, hie und da sogar etwas von ihnen erbte, hatte er im Laufe von 30 Jahren rund 25.000 Gulden angespart und diese als Wertpapiere und auf Sparbüchern bei der Bank deponiert. In seinem Zimmer befand sich zum Zeitpunkt der Tat ein Barvermögen von 320 Gulden, das unangetastet geblieben war.

Die Polizei vermutete folgenden Tathergang: Buchinger ging gerade seiner liebsten Beschäftigung, dem Geldzählen, nach, als er vom Täter überrascht wurde. Dieser war zuvor in das Gebäude eingedrungen, mit der Absicht, den Greis zu berauben. Der Kirchendiener wehrte sich mit aller Kraft, woraufhin der Kriminelle in Panik geriet, den Mord beging und danach flüchtete. Die zweite Theorie lautete, dass es sich um einen reinen Racheakt gehandelt haben könnte, da der Täter die Barschaft seines Opfers nicht angerührt hatte. In der Brieftasche des Kirchendieners fand man auch dessen handschriftliches Testament, in dem er seine Geschwister zu den Erben seines Vermögens bestimmte.

Polizei steht vor einem Rätsel

Die einzigen Anhaltspunkte, die der Exekutive zur Verfügung standen, waren die Lebensumstände des alten Mannes und die Tatsache, dass er am Tattag das letzte Mal lebend um vier Uhr nachmittags gesehen worden war. Niemand im Haus hatte etwas Verdächtiges bemerkt, weder zum Zeitpunkt des Mordes noch davor oder danach. Auch die Fiaker, deren Standplatz sich direkt vor dem Gebäude befand, konnten keine relevanten Angaben machen. Die Einvernahmen weiterer Personen brachten ebenfalls kein Ergebnis, das für die Beurteilung des Verbrechens von Belang gewesen wäre.

Es kristallisierte sich jedoch heraus, dass Buchinger äußerst misstrauisch gegenüber Fremden gewesen war, wodurch als erwiesen galt, dass er keiner unbekannten Person die Tür geöffnet hätte. Da diese jedoch keine Beschädigung aufwies, musste davon ausgegangen werden, dass das Opfer seinen Mörder gekannt und regelmäßig mit ihm verkehrt hatte. Verschwörungstheoretiker wiederum vermuteten die Eliminierung des Mannes, der vielleicht zu viel gewusst hatte, durch ein Mitglied einer geheimen Bruderschaft. Das Verbrechen an dem Kirchendiener konnte jedenfalls trotz intensiver Bemühungen seitens der Exekutive, auch auf beständiges Drängen der Wiener Geistlichkeit hin, nie aufgeklärt werden.

9 DIE ERDROSSELTE GRABENNYMPHE

Mitte des 18. Jahrhunderts hielt sich häufig der Graf von Saint Germain in Wien auf und nächtigte dabei stets im *Wilden Mann* – einem Gasthof und zugleich Treffpunkt für Prostituierte und ihre Freier im Haus Kärntnerstraße 942 (heute **Kärntnerstraße 17**) im 1. Wiener Gemeindebezirk Innere Stadt. Bald war der Hochstapler sogar in der Hofburg zu Gast, was er der Behauptung, schon ewig zu leben, und den bildhaften Schilderungen über seine Bekanntschaften mit historischen Persönlichkeiten quer durch die Zeit verdankte.

In dem heutigen Geschäftsgebäude (der Abriss erfolgte nur Wochen nach dem Mord) fand man die Ungarin Katharina Balogh, in zwielichtigen Kreisen auch „blonde Kathi“ genannt, im April 1878 erdrosselt in ihrem Zimmer auf. Am Abend zuvor hatte die „Grabennymphe“, wie Prostituierte damals genannt wurden, einen Mann mitgebracht und diesem früh-morgens noch einen Kaffee serviert. Dennoch sprach das Gericht die Zimmernachbarin der jungen Frau, Katharina Steiner, des Mordes schuldig.

Ein launenhaftes Mordopfer

Kathi Balogh (in neueren Quellen häufig fälschlicherweise Anna genannt) bewohnte als „leichtes Mädchen" Tür an Tür mit Katharina Steiner den Raum Nr. 21 im *Wilden Mann* in der Kärntnerstraße 17. Am 3. April 1878 wurde die ehemalige Handarbeiterin von der Bedienerin Johanna Gudovicz erdrosselt auf dem Boden ihres Zimmers liegend aufgefunden. Die eilig alarmierte Polizei erfuhr im Laufe der Befragungen, dass die junge Frau nachts Besuch von einem Mann gehabt und sich kurz nach sechs Uhr abends bei ihrer Quartiergeberin Rosa Spannberg Zucker für den Frühstückskaffee geholt hatte. Etwas später waren zwar Schreie aus Kathis Zimmer zu hören gewesen, doch ihre Kolleginnen dachten in dem Moment lediglich, dass die junge Frau wie so oft mit einem Freier über die Höhe ihres Lohns stritt. Eines der Mädchen im Haus verriet dann allerdings noch, dass Kathi am Vorabend mit ihrer Nachbarin Katharina Steiner wegen einer „beruflichen Sache" laut diskutiert hatte. Diese gab die Auseinandersetzung auch zu, leugnete jedoch den Mord und bestätigte die Anwesenheit eines fremden Mannes, den sie um drei Uhr nachts im Vorbeigehen bei halbgeöffneter Tür auf dem Sofa von Kathi Balogh sitzen gesehen haben wollte.

Das harte Los der Katharina Steiner

Dass der Körper der Toten nur oberflächliche Schürf- und Platzwunden, aber keine starken Verletzungen aufwies, schien der Beweis für eine Frau als Täterin zu sein. Aus dem Zimmer des Opfers war außerdem nichts geraubt worden, weshalb man schon bald von der Kurzschlusshandlung einer wütenden Person ausging und sich schließlich auf Kathis Zimmernachbarin als Mörderin einigte. Sie wurde als „wahrscheinlichste Täterin" verhaftet und kurz danach vom Gericht zum Tod durch den Strang verurteilt.

Für Katharina Steiner, Kind einer armen, aber anständigen Familie, handelte es sich dabei nicht um den ersten schweren Schicksalsschlag in ihrem Leben. Sie war schon früh von ihrem Vater vor die Tür gesetzt worden, als dieser von ihrem Verhältnis zu einem älteren, gut situierten Mann erfahren hatte. Als der anschließend nicht die Verantwortung für seine Geliebte übernehmen wollte, landete das Mädchen auf der Straße und wurde zur Prostituierten.

Dank einer Berufung entkam Katharina Steiner der Todesstrafe und erhielt stattdessen sechs Jahre schwere Kerkerhaft. Die ganze Zeit über beteuerte sie, Opfer eines Justizirrtums geworden zu sein. Einige Zeit nach ihrer Entlassung, die aufgrund erwiesener Unschuld bereits nach vier Jahren erfolgte, starb sie schließlich dahinsiechend im Elendsquartier in der Franz-Hochedlinger-Gasse im 2. Wiener Gemeindebezirk Leopoldstadt.

Jede Menge Wendungen

Während Katharina Steiner im Gefängnis saß, wurden dem zuständigen Ermittler immer wieder neue Hinweise auf andere Täter zugespielt, die allerdings nie greifbar waren. Ein Verdächtiger ertrank in der Donau, eine Frau, die Kathi laut Aussagen einiger ihrer Bekannten gehasst hatte, verschwand spurlos. Auch ihre Kolleginnen Rosa Spannberg und Johanna Gudovicz befanden sich wegen Verdachts auf Beihilfe kurze Zeit in Haft. Am 13. Februar 1882 meldete sich bei der Polizei in Znaim der Sohn des dortigen Staatsanwaltes, der 20-jährige Fähnrich Ferdinand Waschauer, als Mörder der Kathi Balogh. Fünf Tage später wurde der junge Mann nach Wien ins Landesgericht gebracht. Er sagte aus, er habe vier Jahre zuvor bei einem Spaziergang durch die Stadt, bei dem er sehr depressiv gewesen sei, ein lustiges Mädchen getroffen und in sein Quartier begleitet. „Am nächsten Morgen“, schilderte er den Tathergang, „ergriff mich wieder einmal der Lebensüberdruss und ich wollte mich mit Blausäure vergiften. So kippte ich den Inhalt eines Fläschchens, das ich bei mir trug, in meinen Kaffee. Doch dann griff versehentlich Kathi nach der Tasse mit dem vergifteten Inhalt und trank sie leer. Ich wurde halb wahnsinnig vor Angst, als Mörder dazustehen, und habe sie in Panik erwürgt.“

Auf das Geständnis hin hat man das Opfer exhumiert und an der Leiche eine chemische Untersuchung des Magens vorgenommen, welche die Aussage von Ferdinand Waschauer widerlegte. Der junge Mann, der mit der Geschichte der verwechselten Kaffeetassen seine Tat zu verharmlosen versucht hatte, wurde mit dem Befund „Mord im sadistischen Liebesrausch aus moralischem Irrsinn“ in eine Psychiatrie eingeliefert und von dort fünf Jahre später als „gebessert“ entlassen. Anschließend mietete er eine Wohnung in Wien, kündigte seinen Selbstmord an und ertränkte sich kurz darauf in der Donau.

10 DER GEWALTSAME TOD EINES MATHEMATIKERS

Das früher an diesem Ort befindliche Haus mit der Adresse **Johannesgasse 19/Seilerstätte 24** im 1. Wiener Gemeindebezirk Innere Stadt hieß nach der darin ansässigen Bäckerei *Zur eisernen Birn.* Es handelte sich auch um das Wohn- und Sterbehaus von Ignaz Donner, Graveur im Wiener Hauptmünzamt. Der neue Bau wurde im wunderschönen Art-Deco-Stil im Jahre 1905 errichtet und diente als Verwaltungsgebäude der k. u. k. Hof- und Staatsdruckerei. In diesem Haus kam es im Februar 1827 zu einem brutalen Raubmord an dem Mathematiklehrer Conrad Blank. Der Tat verdächtigt wurde sein ehemaliger Schüler Severin von Jaroszynski, bei dem es sich um einen über beide Ohren verschuldeten Hochstapler handelte.

Der aus einer wohlhabenden adeligen Familie stammende Pole hatte sein Erbe rasch verprasst, da er immer weit über seine Verhältnisse lebte. In seiner Zwangslage erinnerte er sich an seinen Mathematiklehrer, der über eine große Summe Erspartes verfügte. Er suchte Blank in seiner Wohnung auf, tötete und beraubte ihn. Zwei Tage später feierte der Mörder im Trattnerhof ein rauschendes Fest, in dessen Verlauf er verhaftet wurde.

Die gute Kinderstube eines Kapitalverbrechers

Severin von Jaroszynski stammte aus einer wohlhabenden, adeligen Familie und wurde auf einem der Güter seiner Eltern in Podolien, einst eine Verwaltungseinheit in der Provinz Kleinpolen des Königreichs Polen-Litauen, geboren. Dort lebte er bis zu seinem 13. Lebensjahr, kam danach auf ein Pensionat in Warschau und zog mit 18 Jahren nach Wien, um an dem privaten Bildungsinstitut der Anna Pleban am Hohen Markt 8 zu studieren. Einer seiner Lehrer war der Mathematiker Conrad Blank, der den jungen Mann auf dessen Zimmer in der Erziehungsschule unterrichtete. Durch den vertrauten Umgang der beiden erfuhr Jaroszynski, dass sein Professor Aktienanteile im Wert von 6.100 Gulden besaß.

Nach fünf Jahren Ausbildung kehrte er nach Hause zurück, wurde Vater von drei Kindern und Kreismarschall der Stadt Mohilov. Obwohl er nach dem Tod seines Vaters Jahre zuvor ein großzügiges Erbe erhalten hatte, musste sein Bruder schon bald seine Schulden in Höhe von mehr als einer

Million polnischer Gulden übernehmen. Als zudem bekannt wurde, dass er Geld aus der Amtskasse von Mohilov gestohlen hatte, trennte sich seine Frau von ihm.

Der falsche Graf in Geldnot

Jaroszynski ging daraufhin nach Wien zurück und begann damit, kostspielige Empfänge zu geben, um von der großstädtischen High Society anerkannt zu werden. Er legte sich einen falschen Grafentitel und danach eine Freundin zu, bei der es sich um die 25-jährige Schauspielerin Therese Krones handelte. Während sich zahlreiche Mitglieder der feinen Gesellschaft von dem großzügigen Charmeur blenden ließen, zeigten sich bodenständige Männer wie Ferdinand Raimund eher skeptisch und nannten den falschen Edelmann einen „Windbeutel".

Als sich Jaroszynskis Schulden wieder häuften, fielen ihm der Mathematiker Conrad Blank und dessen Wertpapiere ein. Er meldete sich bei seinem ehemaligen Lehrer und behauptete, seinen Rat beim Ankauf von Aktien zu benötigen. Beim Treffen der beiden am 13. Februar 1827 in Blanks Wohnung mit der Adresse Johannesgasse 19/Seilerstätte 24 zeigte der gutgläubige Professor seinem ehemaligen Schützling die Anleihen. Als der alte Mann seinem Gast den Rücken zuwandte, schlug ihm der einen Knüppel auf den Kopf, zückte anschließend ein Küchenmesser und stach mehrmals auf ihn ein. Jaroszynski verkaufte die gestohlenen Wertpapiere, beglich mit den erhaltenen 5.400 Gulden einen Teil seiner Schulden und erwarb einen Ring.

Die übel zugerichtete Leiche wurde am Folgetag gefunden, nachdem der Mathematiker nicht zur Vorlesung erschienen war. Der erste Verdacht auf Raubmord bestätigte sich rasch, als eine Auflistung der Anteilscheine aus Blanks Besitz auftauchte, die Aktien selbst aber fehlten.

Mord und Verhaftung eines Windbeutels

Zwei Tage nach der Tat wurde Severin von Jaroszynski während eines Abschiedsfestes, das er veranstaltete, ehe er das Land verlassen wollte, verhaftet. Der Käufer der geraubten Wertpapiere hatte Verdacht geschöpft und die Polizei verständigt. Gerade als Therese Krones in der Wohnung ihres Geliebten im Trattnerhof, Am Graben 29 und 29 A, im Kreise der geladenen Gäste das Lied „Brüderlein fein" anstimmte, stürmte eine Heerschar an Polizisten durch die Tür und legte dem verdutzten Gastgeber Ketten an.

Jaroszynski bestritt den Raubmord beim Verhör, erzählte später jedoch einem Mitinsassen im Vertrauen, dass ihn auf seinem Weg zu Conrad Blank eine Frau beobachtet hätte. Der Häftling plauderte die brisante Information aus, um sich damit einen Vorteil zu verschaffen, und lieferte damit der Polizei eine neue Spur. Die Zeugin wurde ausgeforscht, die sich an einen Mann mit einem auffällig blauen Mantel erinnerte, den sie am Tattag vor der Wohnung des Mathematikers gesehen hatte. Sie erkannte Jaroszynski bei der Gegenüberstellung sofort, woraufhin der nach seiner Verhandlung zum Tod durch den Strang verurteilt wurde. Die Hinrichtung erfolgte am 30. August 1827 bei der Spinnerin am Kreuz (ehemaliger Galgen im 10. Wiener Gemeindebezirk Favoriten, an der Triester Straße Höhe Haus 52–54), vor einer riesigen Menschenmenge, die sich versammelt hatte, um den brutalen Raubmörder hängen zu sehen.

Der Mordfall beendete auch vorübergehend die Karriere der Therese Krones, die komplett aus dem gesellschaftlichen Leben Wiens verschwand. Ferdinand Raimund gelang es nach mehreren Monaten des Bittens, sie ans Theater zurückzuholen.

Johannesgasse 19/
Seilerstätte 24

2. Bezirk

1 Ein geldgieriges Damen-Duo auf Abwegen
2 Die explosive Lieferung
3 Ort der Verbrechen
4 Eine Männerherberge als Mörderstützpunkt
5 Der kokette Blondschopf mit der Hacke
6 Die habgierige „Wäscher-Marie“
7 Der Mord im Wurstelprater

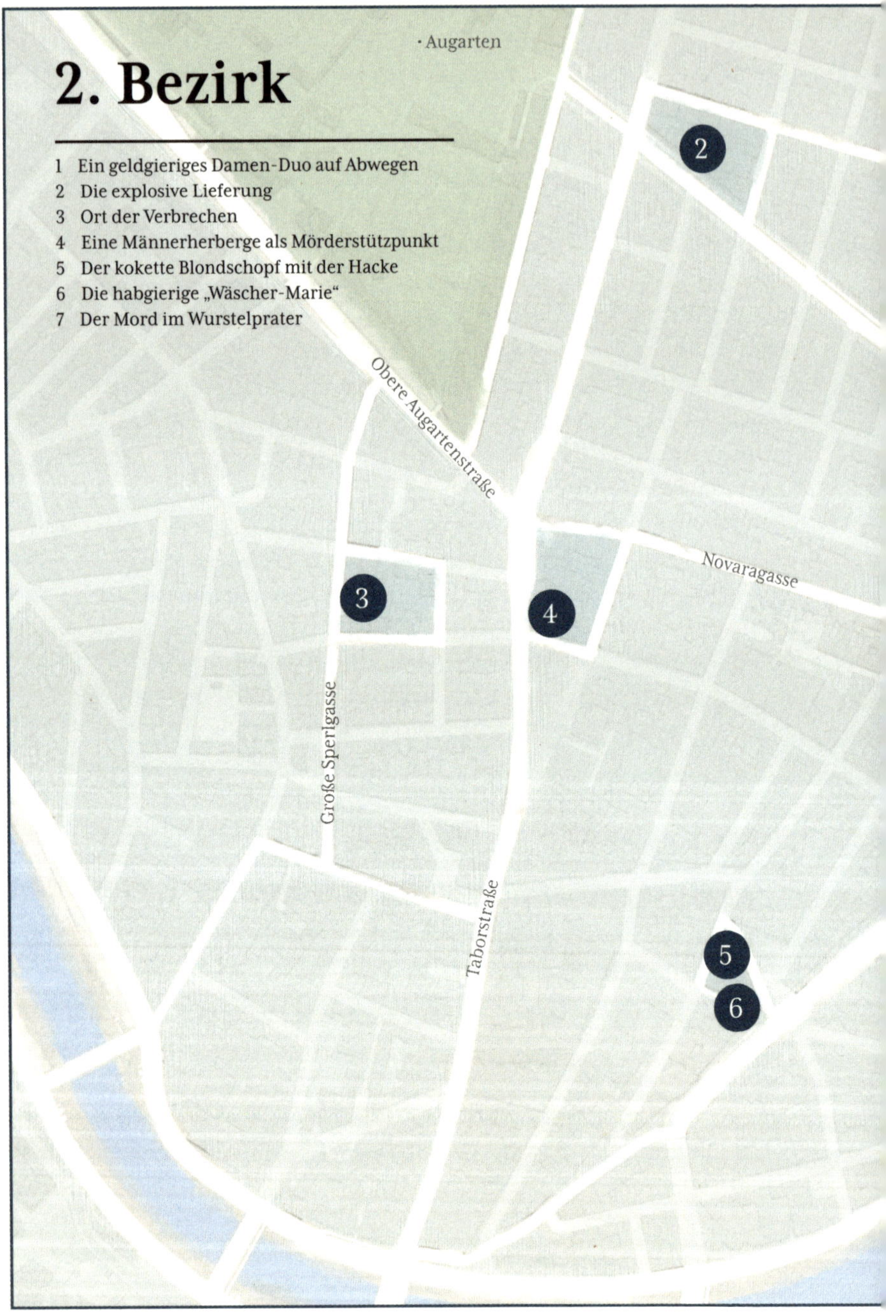

Darvingasse
1
Nordbahnstraße
Lassallestraße
Heinestraße
Praterstern
Ausstallungsstraße
7
Prater
Praterstraße
Hauptallee
Franzensbrückenstraße
Untere Donaustraße
Donau
Franzensbrücke

1 EIN GELDGIERIGES DAMEN-DUO AUF ABWEGEN

Im August 1879 versuchten die 19-jährige Emilie und ihre 42-jährige Mutter Aloisia Kubat, wohnhaft in der **Nordbahnstraße 32** im 2. Wiener Gemeindebezirk Leopoldstadt, ihren Vater bzw. Ehemann Ferdinand Kubat zu ermorden. Allerdings wollte das Damen-Duo nicht selbst Hand anlegen, sondern ersuchte den Kolporteur und Geliebten der Tochter Franz Halm, den „alten Geizkragen", wie sie später zu Protokoll gaben, zu vergiften oder zu erschießen. Die beiden Frauen hatten es satt, in ständiger Geldnot zu leben, und beabsichtigten, an das Ersparte des fünffachen Familienvaters von 18.000 Gulden heranzukommen. Halm stimmte dem Verbrechen zum Schein zu und informierte anschließend das potenzielle Opfer von dem Plan. Danach erstattete er Anzeige, woraufhin das verbrecherische Mutter-Tochter-Gespann verhaftet wurde. Im Prozess, der im Jänner 1880 stattfand, wurde Aloisia freigesprochen, Emilie zu drei Jahren schwerem Kerker verurteilt.

Der tödliche Komplott von Mutter und Tochter

Am 16. August 1879 erstattete Franz Halm Anzeige gegen seine Geliebte Emilie, ebenso gegen deren Mutter Aloisia, die mit ihrem Gatten Ferdinand und den insgesamt fünf Kindern in der Nordbahnstraße 32 lebte. Er berichtete, dass er von den beiden Frauen gedungen worden sei, den 50-jährigen Vater bzw. Ehemann zu ermorden. Nachdem die zwei zuerst überlegt hatten, Ferdinand Kubat erschießen oder vergiften zu lassen, hatten sie zuletzt einen anderen Entschluss gefasst. Franz Halm sollte den Mann während einer angeblichen Geschäftsreise nach Böhmen, die er am 14. August 1879 mit der Bahn anzutreten gedachte, mittels einer mitgenommenen Rebschnur im Zugabteil erdrosseln und anschließend seiner Geldbörse berauben. Darin würde sich zum Zeitpunkt der Fahrt sein gesamtes Vermögen von 18.000 Gulden befinden, das der Kohlenhändler laut eigener Aussage für das Zustandekommen einer beruflichen Möglichkeit benötigte. Aloisia jedoch befürchtete, dass ihr Ehemann diese Geschäftsreise nur vorschob und stattdessen plante, die Familie zu verlassen und sich mit dem Geld ins Ausland abzusetzen. Das Motiv ihrer Tochter Emilie, die den Stein ins Rollen gebracht hatte, war ähnlich gelagert: Sie wollte sich des ungeliebten Vaters entledigen und sich seiner Ersparnisse bemächtigen, weil er geizig war und ihre finanziellen Eskapaden nicht unterstützte.

Das ungläubige Opfer

Emilie instruierte ihren Geliebten, und es wurde ausgemacht, dass Franz Halm nach erfolgreicher Vollendung der Tat an die Adresse Horn poste restante telegrafieren sollte: „Geschäft gemacht. Zehn Gulden anweisen." Der für die Tat Angeheuerte ging zum Schein auf den Plan ein und bestieg am 14. August denselben Zug wie Ferdinand Kubat. Zuvor war er in der Wohnung des Ehepaars von der am ganzen Leib zitternden Mutter mit zwölf Gulden für die Fahrtkosten versorgt worden, die sich mit den Worten „... dass er nicht zurückkommt" von ihm verabschiedet hatte. In der Bahn informierte er das potenzielle Opfer bereits nach kurzer Strecke in Floridsdorf über das Vorhaben seiner Ehefrau und Tochter, stieß allerdings auf Unglauben. In Gänserndorf erklärte der gedungene Mörder dem Mann neuerlich, welchen Zweck seine Anwesenheit hatte, und wurde endlich ernst genommen. Die beiden Männer traten sofort die Rückreise nach Wien an, und Franz Halm telegrafierte seiner Geliebten, das Verbrechen wäre noch nicht durchführbar gewesen, um die beiden Frauen vorerst in Sicherheit zu wiegen. Im Anschluss erstattete er Anzeige, wobei der Kolporteur angab, dass eher die Tochter die Vorgehensweise bestimmt und den Tatplan geschmiedet hatte, während ihre Mutter nur eine Mitläuferin gewesen war.

Verhaftung, Verhandlung und Urteil

Nach einer sofortigen Verhaftung zeigte sich das mörderische Damen-Duo im Laufe der folgenden Verhöre voll geständig. Die beiden verwiesen aber darauf, von ihrem Ehemann bzw. Vater fürchterlich misshandelt und finanziell kurzgehalten worden zu sein, während es sich der Hausherr selbst an nichts fehlen ließ. Und so sann das Mutter-Tochter-Gespann bald Tag und Nacht auf Rache und wollte die Welt vom Tyrannen befreien. Emilie bestritt allerdings, dass der endgültige Mordplan von ihr geschmiedet worden war, und bezichtigte vielmehr ihren Freund, die Idee mit der Vortäuschung eines Raubmords im Zug gehabt zu haben. Auf die Frage seitens des Gerichts, warum Franz Halm überhaupt bei dem Komplott mitgemacht habe, sagte er aus: „Ich wollte nicht, dass sich die zwei einen anderen suchen, der den alten Kubat dann wirklich umbringt."

Am Ende des Prozesses, der bis Jänner 1880 dauerte, hat man Aloisia aufgrund einer psychischen Störung überraschenderweise freigesprochen, Emilie wegen des Verbrechens der versuchten Verleitung zum Meuchelmord zu drei Jahren schwerem Kerker verurteilt. Und Ferdinand Kubat, der sich von seiner Gattin trennte, war offenbar mit der kriminellen Energie seiner Familie angesteckt worden: Er musste sich im Jänner 1891 wegen Wechselfälschung vor Gericht verantworten und ging anschließend für 18 Monate ins Gefängnis.

2 DIE EXPLOSIVE LIEFERUNG

Im Wohnhaus mit der Adresse Kaiser Josefstraße 7 (heute **Heinestraße 7**) im 2. Wiener Gemeindebezirk Leopoldstadt ist im August 1896 in der Werkstätte des Schlossermeisters Markus Pasch eine Bombe detoniert. Mithilfe eines selbst gebastelten Sprengsatzes hatte der Mechanikergehilfe Johann Fock den Handwerker ins Jenseits befördern wollen. Ausgeheckt worden war der Plan von der Geliebten des jungen Mannes, bei der es sich pikanterweise um Pauline Pasch, die Ehefrau des geplanten Opfers, handelte. Der Hilfsarbeiter wollte die alternde Meistergattin samt ihrer Mitgift heiraten und anschließend den Betrieb übernehmen. Markus Pasch befand sich zufällig nicht vor Ort, als die Bombe in einem Paket zugestellt wurde und daraufhin explodierte. Drei junge Lehrlinge wurden allerdings schwer verletzt, einer davon sogar tödlich. Das Gericht sprach Pauline Pasch aus Mangel an Beweisen frei und verurteilte Johann Fock wegen Mordes zum Tod durch den Strang.

Ein geheimnisvolles Paket und eine Explosion

Am 1. August 1896 betrat ein etwa 25-jähriger Mann gegen vier Uhr nachmittags die im rückwärtigen Hoftrakt des Hauses Heinestraße 7 gelegene Werkstätte des Schlossermeisters Markus Pasch. Anwesend waren zu jenem Zeitpunkt drei Lehrlinge des Handwerkers, die aus den Händen des wortkargen Boten ein in Zeitungspapier gewickeltes Päckchen für ihren Arbeitgeber in Empfang nahmen. Der Mann, der mit tschechischem Akzent sprach, gab darüber Auskunft, dass er von der Firma Tendloff und Diettrich kam und eine vom Schlossermeister bestellte Ware lieferte. Anschließend entfernte er sich eilig. Der 17-jährige Mitarbeiter Johann Gerstmann wollte wissen, welchen Inhalt diese Sendung hatte, und zog die beigelegte Karte aus der Schachtel, was zu einer heftigen Detonation führte. Die Sprengladung landete zu einem großen Teil im Gesicht des jungen Mannes, der schreiend und blutend zusammenbrach. Besonders schwer verletzt war er am Bauch, der laut Zeugenaussagen aufgeplatzt war. Die anderen beiden Lehrlinge, der 16-jährige Rudolf Ehn und der 14-jährige Hugo Schich, kamen mit leichteren Verletzungen davon. Gerstmann verstarb wenig später im Krankenhaus.

Die Polizei entdeckte am Tatort bei der anschließenden Spurensuche die Fragmente einer einfachen Bombe – eine Hohlkugel mit Spiralfeder, geladen mit hochexplosivem Pulver. Auf der Karte, durch deren Entfernung die Detonation ausgelöst worden war, befanden sich die Adresse des Schlossermeisters und die Bezeichnung für einen Maschinenteil.

Der Täter und sein Motiv

Zuerst ging die Polizei, die sofort nach der Bombenexplosion zu ermitteln begann, von einem anarchistischen Attentat aus. Doch schon bald führte ein Zufall zu dem eigentlichen Täter – es handelte sich um den mit dem Schlossermeister befreundeten Mechanikergehilfen Johann Fock. Der Mann hatte unter Anleitung einiger Bekannter den Sprengsatz gebastelt, in Zeitungspapier gewickelt und das Päckchen durch einen fremden tschechischen Arbeiter zustellen lassen. Hinter der Lieferung steckte die Absicht, Markus Pasch zu töten. Den Plan zur Beseitigung des Handwerkers hatte dessen Gattin geschmiedet, die beabsichtigte, ein neues Leben mit dem jungen Mann zu beginnen. Fock wollte sie heiraten und anschließend den Betrieb seines Bekannten übernehmen. Die beiden wurden verhaftet und angeklagt, der Mechanikergehilfe wegen Mordes an dem unglücklichen Lehrling Johann Gerstmann, Pauline Pasch wegen Mordversuchs an ihrem Ehemann. Der Schlossermeister saß während der gesamten Verhandlung im Gerichtssaal und wollte bis zuletzt nicht glauben, dass seine Gemahlin in die Tat verwickelt und sogar Drahtzieherin derselben war. Der tschechische Taglöhner Florian Hunka, der Zusteller der Bombe, hatte nichts vom Inhalt des Pakets gewusst.

Verhandlung und Verurteilung

Johann Fock verlegte sich bei der Verhandlung aufs Leugnen, obwohl man ihm den Einkauf des Schießpulvers nachweisen konnte, und bezeichnete die Vorwürfe gegen ihn als irrwitzig. Als Alibi gab er an, sich zum fraglichen Zeitpunkt, an dem er Florian Hunka laut dessen Aussage die Bombe überreicht hatte, im Wirtshaus des Simon Cerny in der Taborstraße 57 in Leopoldstadt aufgehalten zu haben. Doch der Wirt sowie die Gäste des Lokals sagten aus, dass Fock erst nach der Katastrophe eingetroffen war. Einige Zeugen wollten den Angeklagten kurz vor der Detonation sogar in der Nähe des Hauses, in dem der Betrieb des Schlossermeisters untergebracht war, gesehen haben.

Eine Mittäterschaft von Pauline Pasch galt vor Gericht von vornherein als erwiesen, da die beiden in der Öffentlichkeit häufig zusammen gesehen worden waren und sich angeblich sehr vertraut und zärtlich benommen hatten. Ein Dienstmädchen teilte zudem mit, dass zwei Stunden vor der Tat an der Wohnungstür des Ehepaares Pasch geläutet worden war. Ihre Arbeitgeberin habe daraufhin geöffnet und jemandem zugeraunt, dass ihr Gatte nicht zu Hause sei – weshalb der Täter davon ausgehen konnte, dass sich das Opfer in der Werkstätte aufhielt. Ein Irrtum, wie sich später herausstellte. Die Indizien reichten jedoch nicht aus, um die Ehefrau des geplanten Opfers schuldig zu sprechen. Johann Fock wurde im Jänner 1897 wegen Mordes zum Tod durch den Strang verurteilt.

3 ORT DER VERBRECHEN

Das Kriminalmuseum Wien ist ein Museum für Kriminalgeschichte in der **Großen Sperlgasse 24** im 2. Wiener Gemeindebezirk Leopoldstadt und ging aus dem Kriminalpolizeilichen Museum der Bundespolizeidirektion Wien hervor. Es befindet sich im historisch so bezeichneten Seifensiederhaus. 1685 nach der 2. Wiener Türkenbelagerung wieder instand gesetzt, ist es eines der ältesten Gebäude des Bezirkes. Das Haus diente im 18. Jahrhundert auch als Seifensiederei, woher der Name stammt.

Die Große Sperlgasse hieß früher Herrengasse oder Hauptgasse, da sie die wichtigste Straße im damaligen jüdischen Ghetto war. An Stelle des Kriminalmuseums befand sich zu jener Zeit das Gemeindehaus. Nach der Auflösung des Ghettos 1670 und der Beschädigung des Gebäudes während der Wiener Türkenbelagerung wurde es zwei Jahre später wieder aufgebaut. Neben verschiedenen bürgerlichen Handwerksbetrieben befand sich hier auch eine Fleischerei, die in den 1960er-Jahren aufgelöst wurde. 1988 hat Dr. Regina Seyrl das Objekt erworben und renoviert. Harald Seyrl leitet das Haus seit 1991.

Dokumentation spektakulärer Kriminalfälle

In insgesamt 20 Räumen ist die Geschichte der Justiz, des Polizeiwesens und der Kriminalität vom Mittelalter bis zur Gegenwart mit zahlreichen Zeitungsartikeln und Ausstellungsobjekten dokumentiert. Viele bekannte und aufsehenerregende Kriminalfälle der letzten Jahrhunderte werden mit Originaldokumenten sowie Reproduktionen, aber auch Gerichtstexten und sogar Asservaten von Tätern detailreich präsentiert und zum Leben erweckt. Überreste der Bestände des ehemaligen k. k. Polizeimuseums runden die Sammlung ab.

Bekannte Fälle aus dem dunklen Wien, die im Kriminalmuseum beschrieben werden, sind zum Beispiel der von Theresia Kandl, ein seltenes Beispiel einer Frauenhinrichtung (siehe Seite 73 „Blutige Scheidung“), Martha Marek, der Giftmörderin mit den Engelslocken (siehe Seite 121 „Blondes Gift“), und die Ermordung des Kriegsministers Latour (siehe

Seite 19 „Lynchjustiz an einem Minister“). Ein Schwerpunkt liegt auf der Erklärung und Darstellung der Umstände, in denen sich Mörder und Opfer zum Zeitpunkt der Tat befanden, in Kombination mit spannenden Hintergrundinfos zu düsteren Kriminalschauplätzen Wiens. Dazu erfährt man, wie sich die Ermittlungsmethoden der Polizei über die Jahre weiterentwickelt haben. Neben den Ausstellungsobjekten stellt der Innenhof des Gebäudes eine Besonderheit dar, ein atmosphärischer Pawlatschenhof aus der Zeit der historischen Vorstadt.

Wiener Kriminal-museum in der Großen Sperlgasse 24

4 EINE MÄNNERHERBERGE ALS MÖRDERSTÜTZPUNKT

1892 hielt ab Mitte Februar ein unbekannter Täter, der in Wien mehrere Raubmorde plante und zum Teil ausübte, einige Monate lang die Polizei in Atem. Erst nach seinem Selbstmord in Pressburg im September desselben Jahres konnten dem 53-jährigen Ungarn Alois Szemeredy, der „offiziell" den Beruf des Zuhälters ausübte, die Verbrechen nachgewiesen werden. Während seiner Aufenthalte in der Stadt bereits im Jahr 1891 hatte er meist im Gasthof *Zum rothen Stern* in der Rothen Sterngasse 431 (heute **Rotensterngasse 1/ Taborstraße 30**) im 2. Wiener Gemeindebezirk Leopoldstadt Quartier genommen, in dessen Räumlichkeiten der Mann die Attentate plante und von wo aus er seine Opfer ausspionierte. Ein Jahr darauf reiste er stets etwa eine Woche vor den Überfällen an und verschwand nach den Verbrechen jedes Mal spurlos.

Eine Blutspur durch Wien

Der in Budapest geborene Alois Szemeredy kam bereits im Herbst 1891 oft nach Wien und stieg meist im Gasthof *Zum rothen Stern* in der Rotensterngasse 1 ab, den der Pächter auch als Massenquartier für obdachlose Männer zur Verfügung stellte. Von diesem Haus aus plante der Ungar, der sich nebenbei als Zuhälter der Selcherin Julianne Karlovicz betätigte und ihr hin und wieder im Laden beim Verkaufen der Waren half, seine grauenhaften Verbrechen. Er verließ morgens das Haus, spionierte seine Opfer aus, erkundete beispielsweise den beruflichen Alltag dieser Personen und prägte sich deren genaue Zeitabläufe ein. Abends kam er zurück in das Massenquartier, schrieb alles fein säuberlich auf und überlegte sich anschließend anhand seiner Notizen die optimale und effizienteste Vorgehensweise. Ende des Jahres reiste er zurück nach Ungarn, kam im Februar 1892 retour und stieg erneut im Gasthof *Zum rothen Stern* ab. Neuerlich ging er täglich früh aus dem Haus, um an den betreffenden Adressen seine Angaben vom Vorjahr zu kontrollieren. Und schon bald zog sich monatelang eine blutige Spur durch ganz Wien.

Die Chronologie der Skrupellosigkeit

Am 11. Februar wurde der Goldarbeiter Andreas Schütz in Hietzing ermordet und beraubt. Am 16. September geschah ein Raubmordattentat im Geschäft des Uhrmachers Hermann Stolle in Margareten, bei dem der Täter dem Gehilfen des Ladenbesitzers, Johann Lammel, tiefe Wunden am Kopf zufügte. Am 4. Juni erfolgte ein Überfall auf die Uhrmacherwitwe Marie Gotolar in Neubau, im Zuge dessen die Frau lebensgefährlich verletzt wurde. Ein weiteres Attentat, nämlich auf die Juweliergattin Marie Pawlitschek in Wieden misslang, und der Ungar konnte unerkannt entkommen. Danach reiste er ab, nahm sich aber kurz darauf im Gebäude der Stadthauptmannschaft in Pressburg, wohin er wegen des Verdachts auf Diebstahl gebracht worden war, das Leben, indem er sich mit einem Rasiermesser die Kehle aufschnitt. Marie Gotolar und Marie Pawlitschek mussten in die Slowakei fahren, um den toten Szemeredy als den Mann zu identifizieren, der sie zu berauben und umzubringen versucht hatte. Beide Opfer erkannten die Leiche mit völliger Bestimmtheit als die des Täters. Johann Lammel überlebte den Angriff und wurde mehrfach operiert, blieb jedoch ein Leben lang traumatisiert.

Der Frauenmörder im Gasthof *Zum rothen Stern*

Ein weiterer Fall, der mit der Männerherberge in der Rotensterngasse 1 in Zusammenhang steht, erregte im Jahr 1899 Aufsehen in Wien. Der 29-jährige Tischlergeselle Bartholomäus Kost, ursprünglich aus Pilsen in Böhmen stammend, wohnhaft in der Ackergasse 6 im 9. Wiener Gemeindebezirk Alsergrund, stand im Verdacht, seine erste Ehefrau Anna Fiala verschwinden lassen zu haben. Kurz darauf fehlte von seiner Freundin Maria Wodicka ebenfalls jede Spur. Zuletzt tauchte auch seine zweite Gattin Anna Schimera plötzlich nicht mehr bei Freunden und Bekannten auf und meldete sich nicht mehr.

Der Fall kam ins Rollen, als sich der Mann im März 1899 im Gasthof *Zum rothen Stern* unter dem Namen Berthold Kost einquartierte und dort einen Koffer voller Damenwäsche verkaufen wollte. Es stellte sich heraus, dass es sich dabei um das Hab und Gut der abgängigen Maria Wodicka handelte. Im Mai wurde dann in Deutschland eine nicht mehr identifizierbare Leiche aus der Elbe gezogen, von der man annahm, es handle sich um die ehemalige Freundin des mutmaßlichen Mörders. Bei den Ermittlungen kam ans

Tageslicht, dass Kost seine Opfer ins Ausland gelockt, ermordet und die Leichen dort „entsorgt“ hatte. Er wurde für den Mord an Maria Wodicka, den einzigen, den man ihm letztlich nachweisen konnte, in Bremen zum Tod verurteilt.

Rotensterngasse 1/
Taborstraße 30

5 DER KOKETTE BLONDSCHOPF MIT DER HACKE

Im März 1874 ließ sich Hedwig Ruß unter dem Namen Viktoria Heidl als Dienstmädchen bei der wohlhabenden Familie Bondy einstellen. Kurz darauf fand der Ehemann seine Gattin in der gemeinsamen Wohnung, die sich im Durchhaus **Zirkusgasse 16/Schrottgießergasse 5–1** im 2. Wiener Gemeindebezirk Leopoldstadt befand, blutüberströmt auf dem Boden liegend vor. Im Laufe der Ermittlungen stellte sich heraus, dass die hübsche Magd von ihrer Dienstgeberin beim Diebstahl ertappt worden war, woraufhin die 22-Jährige nach einer in der Küche neben dem Herd befindlichen Hacke gegriffen und damit auf Theresia Bondy eingeschlagen hatte. Dabei wurde dem wehrlosen Opfer nicht nur der Schädel gespalten, sondern mit etlichen Schlägen auch das Gesicht zertrümmert. Erst als Frau Bondy keine Regung mehr zeigte, verließ Ruß eilig die Wohnung. Doch die junge Frau wurde schon bald aufgegriffen und im folgenden Prozess zum Tod durch den Strang verurteilt.

Im selben Haus war bereits fünf Jahre zuvor ein grausames Verbrechen passiert (Seite 52 „Die habgierige ‚Wäscher-Marie'").

Auffindung einer Leiche mit zerquetschtem Augapfel

Theresia Bondy, wohnhaft im Durchhaus Zirkusgasse 16/Schrottgießergasse 5–1 neben dem ehemaligen Carltheater, stellte auf Empfehlung einer Arbeitsvermittlerin am 31. März 1874 ein hübsches blondes Mädchen namens Viktoria Heidl als Dienstmädchen ein. Als einige Tage später der Ehemann, Presshefeerzeuger Moriz Bondy, gegen Mittag von der Arbeit nach Hause kam, fand er seine Gattin im Flur in einer Blutlache mit einer klaffenden Kopfverletzung vor. Auf seine lauten Schreie hin verständigten die Hausbewohner sofort die Polizei. Der in Begleitung von sechs Kommissaren herbeigeeilte Bezirksarzt stellte fest: Die Schädeldecke der Frau war mittels einiger kräftiger Hiebe mit einer Hacke gespalten worden. Zudem protokollierten die Beamten nach einer Inspektion der Wohnung mit Moriz Bondy, dass Wäsche sowie Kleidungsstücke im Wert von 79 Gulden und 80 Kreuzern aus dem Besitz des Paars fehlten. Die genauere Inspektion der Leiche ergab an der linken Seite des Gesichts vier untereinander gelagerte Wunden vom Auge bis zum Mund und eine hinter der linken Ohrmuschel, wobei zahlreiche Gesichtsknochen zertrümmert worden waren. Man hatte Theresia Bondy infolge der Axthiebe einen Großteil ihrer Zähne ausgeschlagen und einen Augapfel zerquetscht.

Die Suche nach der hübschen Blondine

Der Gatte gab an, dass nur das neue Dienstmädchen, das seine Ehefrau erst kurz zuvor eingestellt hatte, als Täterin infrage kam. Laut seiner Beschreibung handelte es sich um eine hübsche Blondine mit langem Haar und braunen Augen, die zwar nicht besonders fleißig, dafür umso koketter gewesen war. Die Ermittlungsbeamten begaben sich sofort auf die Suche nach der jungen Dame, die einige Zeugen zur Tatzeit sehr erregt aus dem Haus laufen gesehen hatten – vorerst erfolglos.

Anfang April tauchte ein Tischlergehilfe namens Albin Zimmermann auf dem Revier in Wien Leopoldstadt auf und behauptete, die Verdächtige zu kennen, allerdings unter einem anderen Namen. Er berichtete von einer jungen Frau, die ihm eine Woche zuvor im Zug begegnet war. Sie hatte sich Hedwig Ruß genannt, ihm offen aus ihrem Leben erzählt und gestanden, dass sie eine wiederholt vorbestrafte Diebin und nach einer verbüßten Kerkerstrafe gerade aus dem Gefängnis gekommen war. Die beiden waren zärtlich miteinander geworden, allerdings ohne sich danach wiederzusehen. Die Polizei konnte dank dieser Zeugenaussage die betreffende Person kurz darauf im Haus ihrer Eltern in Karlstein in Niederösterreich festnehmen.

Die „skrupellose Weibsperson" vor Gericht

Während ihrer Verhandlung zeigte sich das Dienstmädchen voll geständig und leugnete die Tat nicht, stritt jedoch den bösen Vorsatz ab. Sie gab an, der Meinung gewesen zu sein, dass es sich bei ihren Dienstgebern um wohlhabende Leute handelte, denen ein bisschen Wäsche nicht fehlen würde. Die Frage, wie es nach dem Diebstahl zu dem brutalen Übergriff gekommen war, beantwortete die 22-Jährige wie folgt: „Da trat meine Arbeitgeberin überraschend ein und begann, mit mir zu schreien. Streitend sind wir in die Küche gegangen, und als Frau Bondy damit drohte, mich anzuzeigen, habe ich Panik bekommen. Ich packte die Axt, die sich neben dem Herd befand, und schlug zu. Frau Bondy ist dann blutend in den Flur gelaufen, wo ich sie erwischte und so lange auf sie eingehauen hab, bis sie sich nicht mehr rührte."

Bei den Recherchen zum Vorleben der jungen Frau stellte sich heraus, dass diese wegen Diebstahls bereits mehrfach zu Kerkerhaft verurteilt worden war. Am Ende des Prozesses sprach man Hedwig Ruß im Sinne der Anklage wegen meuchlerischen Raubmords einstimmig schuldig und verurteilte sie im Mai 1874 zum Tod durch den Strang. Kaiser Franz Joseph I. ließ aber Gnade walten und verhängte eine 20-jährige Kerkerstrafe über Hedwig Ruß.

6 DIE HABGIERIGE „WÄSCHER-MARIE"

Maria Stupka, Wäscherin von Beruf, stammte ursprünglich aus Böhmen und wohnte im Haus mit der Adresse **Zirkusgasse 16/Schrottgießergasse 5–1** im 2. Wiener Gemeindebezirk Leopoldstadt. Die grobschlächtige „Wäscher-Marie", wie sie auch genannt wurde, hatte in ihrem Umfeld einen schlechten Ruf und fiel vor allem durch ihre unbeherrschte Art und ihren Unwillen zu arbeiten auf. Laufend von Geldsorgen geplagt, wollte sich die 36-Jährige nebenbei etwas dazuverdienen, indem sie die Kammer ihres Quartiers gelegentlich für ein geringes Entgelt an Bettgeherinnen vermietete. Damit schlug sie zwei Fliegen mit einer Klappe: Sie kassierte Zins und hatte als Vermieterin Zugang zu den Wertgegenständen ihrer Gäste, was sie immer wieder auf dumme Gedanken brachte. Die Habgier der „Wäschcr-Marie" in Kombination mit ihrer Skrupellosigkeit endete eines Tages sogar in einem Mord, der sie für 20 Jahre hinter Gitter brachte.

Der verführerische Koffer

Anfang November 1869 zog die 28-jährige Köchin Katharina Blaschek für einige Wochen bei Maria Stupka im Haus Zirkusgasse 16/Schrottgießergasse 5–1 ein. Hätte sie gewusst, dass ihre Wirtin kurz zuvor aus dem Gefängnis entlassen worden war, da sie die Kleidung der Vormieterin gestohlen und versetzt hatte, wäre ihre Wahl wohl auf eine andere Unterkunft gefallen. Blaschek nutzte ihr neues Quartier allerdings nur kurz, da sie bald Arbeit bei einem Trafikanten in der Novaragasse fand, bei dem sie auch wohnen konnte. Da Blaschek dort jedoch aufgrund von Platzmangel nicht alle ihre Sachen unterbrachte, ließ sie einige davon vorübergehend in ihrer alten Unterkunft zurück. Am 27. November wollte die Köchin ihr letztes Gepäckstück abholen, da der Trafikant endlich genug Platz geschaffen hatte, aber Stupka ließ sie vorerst nicht zu ihrem Koffer. Als sie doch noch zu ihren Sachen kam, bemerkte sie rasch das Fehlen einiger Kleidungsstücke. Sie begann zu zetern und beschuldigte ihre Vermieterin des Diebstahls, während sie alles genau durchsah, um mögliche weitere Verluste festzustellen. In der Zwischenzeit holte die Wäscherin seelenruhig eine Hacke aus der Küche und schlug ihre ehemalige Mieterin damit von hinten nieder. Als sich diese mit schreckgeweiteten Augen umwandte, zückte Stupka ein Brotmesser und versetzte Blaschek mehrere Stiche in Kopf und Nacken. Die Köchin überlebte den Angriff jedoch und schrie laut um Hilfe, woraufhin ihr die Täterin die Faust in den Mund stieß, bis die Vorderzähne abbrachen.

Sinnloses Versteckspiel

Zum Zeitpunkt der Tat befand sich der Hausmeister im Innenhof des Gebäudes. Er hörte gellende Schreie und schloss daraus, dass etwas Schlimmes passiert sein musste. Gemeinsam mit einigen Nachbarn eilte er zu der betreffenden Wohnung, brach sie auf und fand gleich im ersten Zimmer eine blutüberströmte, röchelnde Frau liegen, mit dem Gesicht zum Boden und klaffender Wunde am Hinterkopf. Der gesamte Raum war mit Blut bespritzt, und auf dem Tisch lagen Messer und Hacke. Die Anwesenden verständigten sofort einen Arzt und das Polizeikommissariat. Ein Beamter, ein Bezirksarzt sowie zwei Wachmänner eilten herbei und nahmen den Tatbestand auf. Der Mediziner konnte die sterbende Frau zunächst so weit stabilisieren, dass sie den Namen der Täterin nennen konnte, bevor sie wenig später verstarb. Maria Stupka hatte sich, während die Nachbarn die Tür aufbrachen, in ihrem Kabinett eingesperrt, trat aber aus ihrem Versteck, als sie realisierte, dass es kein Entkommen gab. Während sie sich mit ihrer Schürze das Blut vom Gesicht und den Händen wischte, gestand sie den anwesenden Polizisten die Tat.

Im Verhör gab die 36-Jährige an, sich im Recht gesehen zu haben, Kleidungsstücke ihrer ehemaligen Mieterin aus dem Koffer zu nehmen und zu verpfänden, da ihr diese angeblich noch 14 Gulden geschuldet hatte. Es stellte sich heraus, dass sich die Frau bereits seit langem in großen Geldnöten befand und zudem schon mehrmals wegen Betrugs abgestraft worden war.

Die Verhandlung der „Wäscher-Marie"

Im März 1870 wurde Maria Stupka nach wenigen Prozesstagen des Meuchelmordes für schuldig befunden und zur Todesstrafe durch den Strang verurteilt. Den Beweis dafür zog das Gericht aus dem Teilgeständnis der Angeklagten – sie hatte den Gebrauch der Axt zugegeben, die Verwendung eines Messers allerdings abgestritten –, der Zeugenaussage der Getöteten und den ärztlichen Attesten. Geradezu teilnahmslos nahm die Täterin das Urteil entgegen und sah davon ab, Widerspruch einzulegen. Vielmehr erklärte sie, nichts zu verstehen und alles ihrem Anwalt zu überlassen. Der meldete sofort Berufung an und behauptete unter anderem, dass ein vorangegangener Streit nicht ausgeschlossen werden könne. Außerdem habe sich seine Mandantin nur wegen der offenen Rechnung rächen wollen und durch den Inhalt des Koffers kaum einen Gewinn zu verzeichnen gehabt. Mit diesem Einwand zielte der Jurist darauf ab, dass die Staatsanwaltschaft auf Totschlag plädierte und nicht auf Meuchelmord. Tatsächlich wurde dem Antrag Gehör geschenkt und in einem Folgeverfahren das Todesurteil in eine 20-jährige schwere Kerkerstrafe umgewandelt.

7 DER MORD IM WURSTELPRATER

Der etwa sechs Quadratkilometer große **Wiener Prater** ist ein in den Donauauen des 2. Wiener Gemeindebezirks Leopoldstadt gelegenes Naherholungsgebiet, das der Babenberger Friedrich I. Ende des 12. Jahrhunderts der Adelsfamilie de Prato schenkte. Ab 1564 wollte der Habsburger Maximilian II. das Areal als kaiserlichen Forst zur Jagd nutzen und ließ es einzäunen. Mitte des 18. Jahrhunderts überließ Kaiser Joseph II. seinem Volk einen Großteil der Grünanlage, an dessen Nordwestspitze der Wurstelprater mit ersten Wirtshäusern, Ringelspielen und Karussells entstand. Mittlerweile ist der Vergnügungspark, in dem sich auch das Riesenrad als Wahrzeichen Wiens befindet, 300.000 Quadratmeter groß und wird jährlich von mehr als drei Millionen Menschen besucht.

Die 46-jährige Köchin Anna Breiwitsch verband mit Johann Bräutigam viele Jahre lang ein loses Verhältnis. Sie war zugleich mit dem Bäckergesellen Gottfried Hoffmann liiert, was ihren langjährigen Geliebten nicht zu stören oder eifersüchtig zu machen schien. Doch als dieser erfuhr, dass seine Freundin nicht nur ihn, sondern auch den anderen Mann mit Geld unterstützte, geriet er in Wut. Er traf sich im Juli 1863 mit Anna im Prater und fügte ihr nach cincm kurzen Streit mit einem Taschenmesser zwei tiefe Stichwunden zu. Der Mörder gestand die Tat im anschließenden Verhör und wurde daraufhin zum Tod verurteilt.

Wenn die Felle davonzuschwimmen drohen

Anna, eigentlich Annette, Breiwitsch wurde 1817 in Mähren geboren und kam nach dem Tod ihrer Eltern als junges Mädchen nach Wien. Sie arbeitete als Küchenhilfe und zeichnete sich vor allem durch Fleiß und Sparsamkeit aus. Im Alter von 25 Jahren lernte sie Johann Bräutigam kennen, mit dem sie schon bald ein intimes Verhältnis einging, und begann anschließend bei dessen Mutter im Esterházy-Garten im Wurstelprater zu arbeiten. Sie griff der Witwe, die auch ihren liederlichen Sohn finanzierte, bei Hausmeistertätigkeiten unter die Arme, bis die Frau 1862 verstarb – es traf sie nur wenige Schritte von dem Ort entfernt der Schlag, an dem Bräutigam ein Jahr später seine „Nettel" ermorden sollte.

Nach dem Tod der Mutter versiegte der Geldfluss, weshalb sich der 43-jährige beschäftigungslose Barbiergehilfe, ein kleiner, stämmiger Mann mit Schnurr- und Backenbart, schon bald von seiner Geliebten aushalten ließ. Die Köchin, der die Bettelei ihres Freundes schnell lästig wurde und die sich aus dem Verhältnis lösen wollte, hatte sich in der Zwischenzeit mit dem Bäckergesellen Gottfried Hoffmann angefreundet, dem sie allerdings ebenfalls immer wieder ein paar Münzen zusteckte. Johann Bräutigam geriet darüber so in Rage, dass er einen Mordplan schmiedete.

„Such' dir eine andere Depperte, die dich aushält!"

Am 26. Juli 1863 brachte Bräutigam seiner Freundin Blumen zum Namenstag, machte ihr hinterher allerdings wieder einmal eine Szene, weshalb sie ihn schlug und ihm ein blaues Auge verpasste. Vier Tage später klopfte der sich ungerecht behandelt und gedemütigt fühlende Mann gegen fünf Uhr morgens ans Fenster von Annas Schlafkammer im *Goldenen Ochsen* und überredete sie zu einem Spaziergang. Als sie bei einem Ringelspiel ankamen, begann er die 46-jährige Köchin lautstark zu beschimpfen und forderte Geld von ihr. Doch Breiwitsch ließ sich nicht einschüchtern, ging sofort in Abwehrstellung und beendete schließlich den lautstarken Dialog mit den Worten: „Das war's, such' dir eine andere Depperte, die dich aushält!" Bräutigam zückte daraufhin sein Taschenmesser, das er stets mit sich führte, und versetzte der überrumpelten Frau einen Stich in den Oberkörper. Als diese begriff, was gerade passierte, drehte sie sich um und versuchte wegzulaufen. Daraufhin stach der erzürnte Taugenichts ein weiteres Mal zu und hinterließ eine tiefe, klaffende Wunde in ihrem Rücken. Anna Breiwitsch brach zusammen und dürfte noch mindestens zehn Minuten lang gegen den Tod angekämpft haben, bis sie schließlich starb.

Ein Geständnis und viele Ausreden

Kurz darauf kam ein völlig paralysierter Johann Bräutigam zur im Prater befindlichen Polizeiwache und gestand die Tat. Er überreichte den Beamten mit blutigen Händen das besudelte Messer und bat sie nachzusehen, ob die Frau vielleicht noch lebte. Diese lag jedoch in einer riesigen Blutlache bereits in den letzten Zuckungen, als man sie vorfand, sodass jede Hilfe zu spät kam. Beim anschließenden Verhör gab Bräutigam Eifersucht als

Tatmotiv an, was später bei der Verhandlung von zahlreichen Zeugen, die das Paar gekannt hatten, stark in Zweifel gezogen wurde. Daraufhin sprach der 43-Jährige von einem Missverständnis und sagte: „Ich hab' die Anna nur ein bissl ärgern wollen, weil sie immer mit dem anderen Haberer herumgetan hat. Richtig bös' war ich ihr deshalb nicht, das stimmt eh. Um sie zu erschrecken, hab' ich den Taschenfeitel herausgezogen, was sie aber nicht g'seh'n hat. Sie wollte sich mit mir versöhnen, ist auf mich zu und direkt ins Messer g'laufen." Da diese These den zweiten Stich in den Rücken nicht erklärte, wurde die Aussage vom Richter für irrelevant erklärt.

Bräutigam wurde am 29. Oktober 1863 wegen Mordes zum Tod durch den Strang verurteilt. Mitte Dezember erfolgte allerdings eine Begnadigung durch Kaiser Franz Joseph I. und die Umwandlung der Strafe in eine 20-jährige schwere Kerkerhaft.

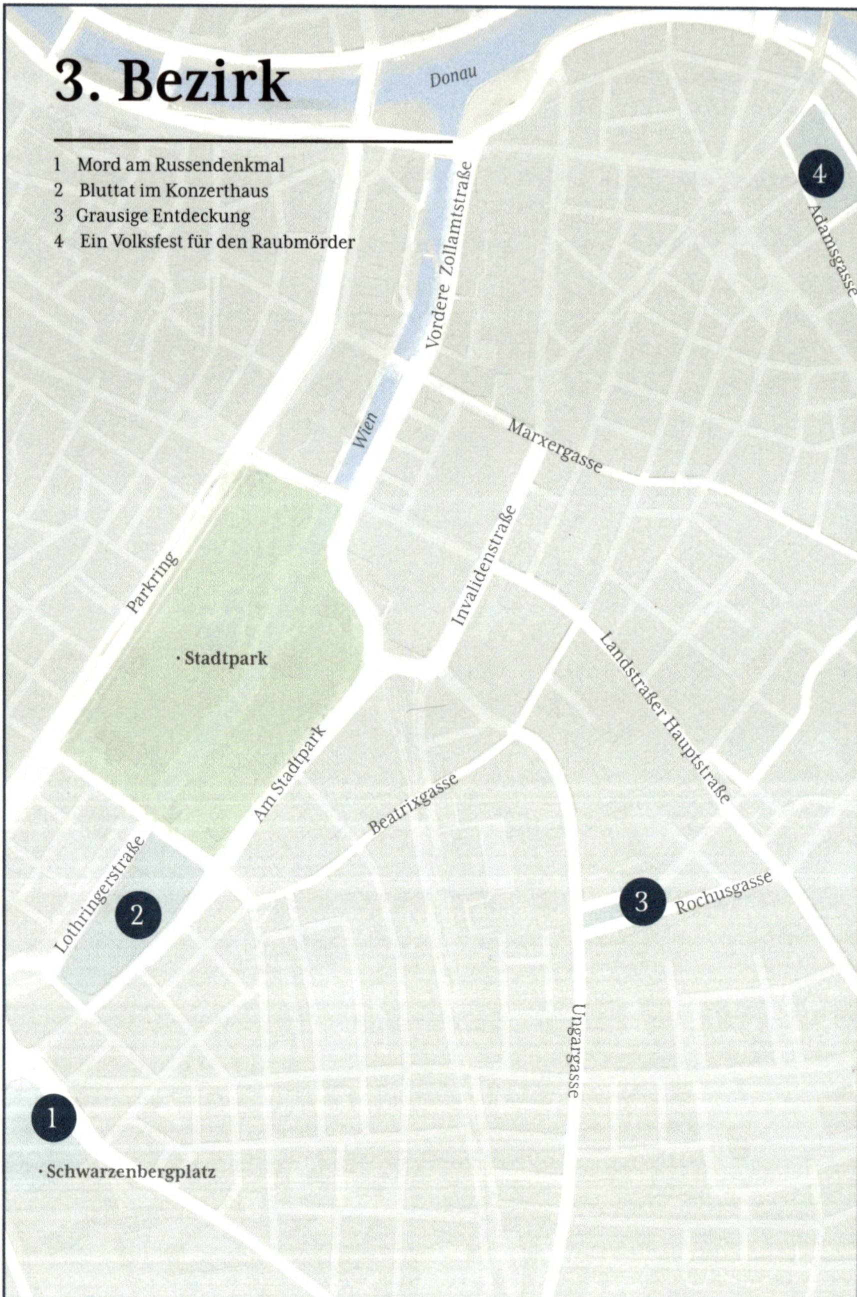
3. Bezirk
1 Mord am Russendenkmal
2 Bluttat im Konzerthaus
3 Grausige Entdeckung
4 Ein Volksfest für den Raubmörder
Donau
Vordere Zollamtstraße
Adamsgasse
Wien
Marxergasse
Invalidenstraße
Parkring
Stadtpark
Landstraßer Hauptstraße
Am Stadtpark
Beatrixgasse
Lothringerstraße
Rochusgasse
Ungargasse
Schwarzenbergplatz

1 MORD AM RUSSENDENKMAL

Das Russendenkmal am **Schwarzenbergplatz** im 3. Wiener Gemeindebezirk Landstraße, das auch Heldendenkmal der Roten Armee genannt wird, wurde im Jahre 1945 errichtet. Es soll an 17.000 Ende des Zweiten Weltkriegs gefallene Soldaten der Roten Armee sowie an die Befreiung von der Nazidiktatur erinnern. Die ursprünglich dort bestatteten Rotarmisten hat man zu einem späteren Zeitpunkt exhumiert und am Wiener Zentralfriedhof beigesetzt. Der Ort war bewusst gewählt, unter anderem wegen des 1873 an derselben Stelle errichteten Hochstrahlbrunnens, der optimal mit dem Denkmal harmonierte.

Als der erste medienwirksame Kriminalfall der Zweiten Republik ging ein Mord am Russendenkmal in die österreichische Geschichte ein. Im April 1958 wurde die 21-jährige Mannequin-Schülerin Ilona Faber nahe dem Denkmal am Schwarzenbergplatz sexuell missbraucht und im Anschluss getötet. Aus Mangel an Beweisen kam der kurz darauf inhaftierte Verdächtige allerdings wieder frei. Der öffentlich breit diskutierte Fall gilt bis heute als ungeklärt.

Junge Frau aus wohlhabendem Haus

Ilona Faber stammte aus einem guten Umfeld. Ihr Vater Dr. Ludwig Faber war ein hoher Ministerialbeamter im Kabinett des Handelsministers Fritz Bock und ermöglichte seiner Tochter eine Ausbildung zur Modeschülerin und zum Mannequin. Am Abend des 14. April 1958 war die hübsche Frau im *Schwarzenberg-Kino*, um sich den Film *Gold aus heißer Kehle* mit Elvis Presley anzusehen. Eigentlich hätte Faber an diesem Abend die Schule besuchen müssen, da sie aber die Prüfung bereits absolviert hatte, dürfte sie sich stattdessen für den Kinobesuch entschieden haben.

Am Heimweg zur Argentinierstraße im 4. Wiener Gemeindebezirk Wieden, wo die 21-Jährige gemeinsam mit ihren Eltern wohnte, wurde sie gegen zehn Uhr abends überfallen und ins dichte Gebüsch hinter der Kolonnade gezerrt. Mit Fäusten oder einem stumpfen Gegenstand schlug der Täter der jungen Frau auf den Kopf, bis sie das Bewusstsein verlor.

Daraufhin zerriss er ihre sämtlichen Kleidungsstücke, vergewaltigte, erwürgte und verscharrte sie. Ein Wachmann entdeckte wenig später zunächst Ilonas rosafarbenen Regenschirm, ihre Handtasche und weitere ihrer Besitztümer am Boden verstreut und stieß dann zuletzt auf ihren Leichnam hinter den Büschen. Eine Armbanduhr, Bargeld und zwei Ohrringe fehlten.

Ein Mord wird zum Medienspektakel

Das im Jahr 1958 noch neue Medium Fernsehen stürzte sich regelrecht auf den Fall und berichtete ausführlich über das Verbrechen, das national für Aufsehen sorgte. Die intensive Berichterstattung der Boulevardpresse trug dazu bei, dass das Russendenkmal einen großen Bekanntheitsgrad bei der heimischen Bevölkerung erlangte und Schaulustige anzog, die den Tatort mit eigenen Augen sehen wollten und somit den Hintergrund zur Entstehungsgeschichte des Denkmals erfuhren.

Als erster Verdächtiger im Mordfall wurde der 30-jährige Johann G. ausgeforscht, da die Fußspuren des beschäftigungslosen Mannes mit denen am Tatort übereinstimmten. Außerdem stufte ihn ein Wachmann als suspekt ein, weil er vor der Tat stundenlang am Tatort auf jemanden gewartet zu haben schien. Johann G., der bereits eine Reihe an Vorstrafen aufwies, gab zu Protokoll, auf das Erscheinen eines Freundes gehofft zu haben, der dem mittellosen Mann Hilfe versprochen hatte.

Just vor seinem Stammlokal am Naschmarkt wurde ein Ohrring des Mordopfers gefunden, den die junge Frau in der Tatnacht getragen hatte. Außerdem passten Bissspuren auf der Brust des Opfers mit dem Gebiss des mutmaßlichen Täters zusammen. Handelsminister Fritz Bock, der Chef von Ilona Fabers Vater, zeigte sich solidarisch mit seinem Mitarbeiter und erwog sogar die Wiedereinführung der Todesstrafe für Sexualverbrecher. Trotz aller Indizien hatte der 1959 geführte Prozess gegen den Verdächtigen aber einen Freispruch des Angeklagten zur Folge, da nicht genügend Beweise vorlagen. Ein Teil der Geschworenen war von seiner Unschuld, der andere von seiner Schuld überzeugt.

Weitere Beschuldigte, aber keine Aufklärung

Die Ermittler in jener Angelegenheit kamen nicht zur Ruhe, da 1962 ein Schuh des Opfers in der Wohnung eines Mannes gefunden wurde. 2002 behauptete eine Dame gar, ihr 1996 verstorbener Ehemann Eduard S. habe ihr noch in der Mordnacht die Schreckenstat gestanden, doch ein Arzt und ein Anwalt hätten ihr von einer Anzeige dringend abgeraten. Doch Erika Weniger wollte laut eigener Aussage nach so vielen Jahren der Mitwisserschaft endlich ihr Schweigen brechen und wandte sich an die Öffentlichkeit: In ihrem Buch *Liebe, Mord und tausend Tränen* berichtete sie detailgetreu, was sich angeblich zugetragen hatte. Nach wie vor gilt der Mordfall am Russendenkmal jedoch als ungeklärt.

Heldendenkmal der Roten Armee am Schwarzenbergplatz

2 BLUTTAT IM KONZERTHAUS

Das Wiener Konzerthaus mit seinen vier großen Sälen befindet sich in der **Lothringerstraße 20** im 3. Wiener Gemeindebezirk Landstraße und wurde 1913 in Anwesenheit von Kaiser Franz Joseph I. eröffnet. Ab den 1920er- und 1930er-Jahren wurden neben Veranstaltungen im klassischen Bereich auch Vorträge, Lesungen, Tanzevents oder Konzerte aus anderen Genres abgehalten.

Im November 1928 fielen Schüsse im Großen Saal des Konzerthauses. Der 48-jährige ehemalige Rittmeister Felix Gartner tötete seine Angebetete, die 35-jährige ägyptische Prinzessin Wagiha Mouheb Pascha, mit fünf Revolversalven in der Pause einer Aufführung des tschechischen Violinvirtuosen Váša Příhoda. Hinter dem aufsehenerregenden Verbrechen stand ein Eifersuchtsdrama, da das Opfer den Kontakt zu seinem späteren Mörder hatte abbrechen und einen anderen Mann ehelichen wollen.

„Harmloser Ausgang"?

Kurz vor Start des zweiten Aktes des Violinkonzertes am 3. November 1928 war eine elegant gekleidete Dame im Begriff, ihren Platz bei den Logen einzunehmen, als sie von hinten angeschossen wurde, blutüberströmt zu Boden sank und an Ort und Stelle verstarb. Der Täter setzte zur Flucht an und eilte zur Stiege, wurde aber von einem Billeteur festgehalten und entwaffnet. Völlig verwirrt und aufgelöst erkundigte sich der Mörder nach dem Befinden der Prinzessin und wiederholte immer wieder, sie hoffentlich nicht ernsthaft verletzt zu haben. Konzertdirektor Hugo Knepler trat aufs Podium und setzte das Publikum darüber in Kenntnis, dass es sich bei der Tat um ein Eifersuchtsdrama „mit harmlosem Ausgang" handele und keine Gefahr für die Allgemeinheit bestehe. Da sich die Gäste des Abends schnell beruhigten und wieder ihre Plätze einnahmen, stand einer Fortsetzung des ausverkauften Konzertes nichts mehr im Weg. Niemand wusste bis nach Veranstaltungsende, was sich wirklich in Loge 4 abgespielt hatte, dass das Opfer sofort verstorben war und sich noch im Konzerthaus befand.

Verliebt in eine Prinzessin

Beim Täter handelte es sich um den 1880 in Wien geborenen Rittmeister a.D. Felix Gartner III., wohnhaft in der Gärtnergasse im 3. Wiener Gemeindebezirk Landstraße. Der Mann war früher aktiver Offizier gewesen und war bereits zweimal geschieden worden. Mit seiner Ehefrau, die zu Protokoll gab, nur ein paar Monate auf dem Papier verheiratet gewesen und von ihrem Gatten betrogen und misshandelt worden zu sein, befand er sich zum Zeitpunkt der Tat gerade im Scheidungsprozess. Gartner hatte zudem einen Teil ihres Vermögens in Monte Carlo verspielt und bereits während dieser Ehe begonnen, um die Gunst der 35-jährigen ägyptischen Prinzessin zu werben, da er offenbar beabsichtigte, seine Finanzen durch sie wieder in den Griff zu bekommen. Auf einer Faschingsredoute hatten sich Gartner und Pascha kennengelernt, die acht Jahre zuvor gemeinsam mit ihrem Vater, einem früheren Finanzminister in seiner Heimat, ihrer Mutter und Schwester nach Wien gekommen war. Gartner machte ihr – sofort über beide Ohren verliebt – umgehend einen Heiratsantrag. Laut der Schwester des Opfers handelte es sich bei dem 48-Jährigen um einen zudringlichen Verehrer, der sie verfolgte und nicht von ihr abließ.

Am Mordabend organisierte sich die Prinzessin vor Veranstaltungsbeginn einen Sitzplatz in Loge 4, ihr Verfolger, von dessen Anwesenheit sie zunächst nichts ahnte, sah sich den ersten Teil des Konzertes von Loge 2 aus an. Kurz vor dem zweiten Akt passte Gartner seine Angebetete ab, woraufhin die zwei einige erregte Worte auf Französisch wechselten. Die Prinzessin hatte sich bereits zum Gehen gewandt und schon die Klinke zur Logentür in der Hand, als ihr der Mann nacheilte und die Schüsse abfeuerte.

Eifersuchtsdrama mit tödlichem Ausgang

Das Tatmotiv war Eifersucht, da die schöne „Djidji" – ihr Spitzname in der Wiener Gesellschaft – keinen Kontakt mehr zu Gartner wünschte und außerdem beabsichtigte, demnächst einen orientalischen Prinzen zu heiraten. Der Verschmähte musste völlig verzweifelt gewesen sein, da er kaum mehr Geld zum Leben und sich aus Mangel an finanziellen Mitteln in einem einfachen Zimmer einquartiert hatte. Gerüchten zufolge war er bei dem Attentat nach dem Konsum von vier Flaschen Sliwowitz stark alkoholisiert.

Er behauptete später, einen Revolver bei sich gehabt zu haben, um seinem Leben ein Ende zu setzen, und nicht, um jemanden umzubringen. Warum er dann die Pistole gegen seine Angebetete gerichtet hatte, konnte er sich selbst nicht erklären. Nach der Tat wurde der Verdächtige umgehend ins Polizeigefangenenhaus auf der Rossauer Lände gebracht.

Am 9. Juni 1929 wurde Felix Gartner einstimmig des Mordes schuldig gesprochen und zu zwölf Jahren schweren Kerkers verurteilt. „Als Djidji starb, habe ich geweint, heute weine ich nicht. Ich bin unschuldig ...“, behauptete er nach der Urteilsverkündung.

3 GRAUSIGE ENTDECKUNG

Der **Karl-Borromäus-Platz**, zwischen Ungargasse und Landstraßer Hauptstraße im 3. Wiener Gemeindebezirk Landstraße, wurde nach einem im Jahre 1610 heiliggesprochenen Mailänder Kardinal und Erzbischof benannt. In seiner Mitte befindet sich ein von Linden umgebener, denkmalgeschützter Brunnen aus Stein und Gusseisen. Dieser wurde 1904 anlässlich des 60. Geburtstages von Bürgermeister Karl Lueger vom Bezirk gestiftet. Jeweils fünf Putten, in der Bildhauerei häufig verwendete, nackte Kindergestalten, halten drei Wasserbecken, die mit Molchen und Fischen verziert sind. Darauf befindet sich ein dreieckiger Obelisk aus Marmor.

Im Rondeau des Brunnens am Karl-Borromäus-Platz wurde im März 1931 ein grausiger Fund gemacht. Zwei in Packpapier eingewickelte Frauenarme ragten aus dem Schnee empor, die zu zwei kurz zuvor in der nur ein paar Gehminuten entfernten Krummgasse gefundenen Beinen passten. Rasch stieß die Polizei bei der Tätersuche auf den 50-jährigen Josef Wrbik, der bei der Kanalräumungsinspektion der Stadt Wien tätig war und in dessen Büro allerhand Beweisstücke gefunden wurden.

Brunnen am Karl-Borromäus-Platz

Falsche Spur durch Briefkuvert

Die abgetrennten Beine waren mit Strümpfen bekleidet, worin sich ein an Frau Mizzi Thaler gerichtetes Kuvert befand. Irrtümlich nahm die Polizei an, dass es sich bei der Ermordeten um die Briefadressatin handelte, doch die falsche Fährte wurde schnell aufgeklärt. Mizzi Thaler lebte in Linz und hielt sich dort auch nach wie vor auf. Die korrekte Spur führte daraufhin allerdings zum Absender des Briefes, einem früheren Geliebten von Frau Thaler, den die Polizei schnell als Mörder entlarvte. Josef Wrbik hatte sein Bürozimmer im Magistratischen Bezirksamt auf dem Karl-Borromäus-Platz, wo blutverschmierte Gegenstände sichergestellt wurden. In dem Raum zeugten Blutflecken am Vorhang, am Kasten sowie am Fußboden von der grausamen Tat, und ein Blick in den Keller brachte den Rumpf der Vermissten zum Vorschein.

Anhand der Fingerabdrücke identifizierte die Polizei die Leiche schließlich, da das Opfer aufgrund einiger Straftaten bereits am Erkennungsamt gelistet war. Die 56-jährige beschäftigungslose Marie Novacek stammte aus der früheren Tschechoslowakei und war bereits seit einigen Tagen nicht mehr gesehen worden. Seit längerer Zeit hatte sie unter Alkoholproblemen gelitten und es aufgrund ihres exzessiven Verhaltens immer wieder mit der Polizei zu tun bekommen. Nach ihrer Scheidung hatte sie über kein festes Quartier mehr verfügt und auf der Straße oder in Asylheimen genächtigt. 1930 war sie wegen insgesamt sechs Strafen ins Gefängnis, im Februar 1931 ins Wiedner Krankenhaus in Pflege und daraufhin ein weiteres Mal ins Polizeigefangenenhaus gekommen, von wo sie am 5. März entlassen worden war.

Neue Bekanntschaft mit Folgen

Mörder und Opfer lernten sich am 7. März 1931 in einem Gasthaus auf der Landstraßer Hauptstraße kennen. Josef Wrbik nahm die völlig durchgefrorene Frau auf sein Dienstzimmer mit, wo er ihr ein Pelzsakko umhängte, um sie aufzuwärmen. Im Glauben, etwas Wertvolles in der Seitentasche entdeckt zu haben, nahm Novacek ein Stück Papier an sich und steckte es sich in den Strumpf. Dabei handelte es sich jedoch um das Briefkuvert, das an Wrbiks frühere Geliebte gerichtet war und das als wichtiger Hinweis bei den Ermittlungen dienen sollte. Wrbik versuchte, seine neue Bekanntschaft zu verführen, doch Novacek, die ihm nicht einmal ihren Namen verraten hatte, wehrte sich gegen die Zudringlichkeiten des Fremden und fing zu schreien an. Um die Frau zum Schweigen zu bringen, verpasste ihr Wrbik mit einer Spediteurhacke drei Hiebe in den Rücken, die zu ihrem Tod führten. Spuren am Hals deuteten darauf hin, dass der Mörder Novacek vorab auch gewürgt haben musste. Im Anschluss an das Verbrechen reinigte der Täter den Fußboden, leerte das blutige Wasser in den Kanal vor dem Bezirksamt Wien Landstraße und beließ die Leiche vorerst für einige Stunden im Keller des Gebäudes. Am Nachmittag kehrte er dorthin zurück, um den leblosen Körper zu zerstückeln und die Einzelteile aus dem Büroraum zu tragen. Die Beine versteckte er in einer Hausnische in der Krummgasse, die Arme wickelte er in Papier und warf sie über die Umzäunung des Borromäus-Brunnens in den Schnee. Der Kopf der Leiche, den er unterhalb der Schlachthausgasse in den Donaukanal geworfen hatte, blieb unauffindbar.

Büro als Liebesrefugium

Der 50-jährige Wrbik, der ebenso dem Alkohol zugeneigt war wie sein Opfer, galt bei seinen Kollegen als Schürzenjäger, der seinen Arbeitsraum regelmäßig zu einem Liebesnest umfunktionierte. In den Gastwirtschaften und Weinschenken der Umgebung lernte er Frauen kennen, die meist den gesamten Tag in den Lokalen verbrachten, um der klirrenden Winterkälte zu entkommen und abends einen Gentleman zu treffen, der sie in seine warme Stube mitnahm. Insgesamt hatte der Mann zehn Kinder gezeugt, wovon zum Tatzeitpunkt nur mehr zwei am Leben waren.

Schon im Jahre 1924 wurde Josef Wrbik wegen eines Sittlichkeitsdeliktes verhaftet, jedoch als nicht zurechnungsfähig befunden und so nach Steinhof, einer Heil- und Pflegeanstalt für Geistes- und Nervenkranke, gebracht. Aufgrund von unklaren Zeugenaussagen sah die Staatsanwaltschaft von einer weiteren Verfolgung ab. Josef Wrbik gestand den Mord an Marie Novacek im März 1931 und gab an, die Frau wegen ihres minutenlangen „grundlosen" Schreiens erschlagen zu haben. Er habe es daraufhin mit der Angst zu tun bekommen, dass sein in den Büroräumlichkeiten angesiedeltes Liebesrefugium mit fremden Frauen aufflöge. Wrbik wurde zu sieben Jahren schwerem Kerker verurteilt.

4 EIN VOLKSFEST FÜR DEN RAUBMÖRDER

Der bereits mehrfach vorbestrafte Tischlergehilfe Georg Ratkay aus Ungarn erschlug im Jahr 1868 Marie Henke, die Gattin seines Quartiergebers, in ihrer Wohnung in der **Adamsgasse 9** im 3. Wiener Gemeindebezirk Landstraße. Anschließend bemächtigte er sich aller Wertgegenstände, die er auffand. Er wurde rasch als Schuldiger eruiert, kam vor Gericht und erhielt die Todesstrafe. Das Urteil wurde zwei Tage nach Verkündung an der Spinnerin am Kreuz am Galgen exekutiert. Es handelte sich dabei um die letzte öffentliche Liquidation eines Verbrechers in der Donaumonarchie, denn da es bei dieser volksfestähnlichen Veranstaltung zu Trunkenheitsexzessen und Raufereien kam, die sogar den Zusammenbruch einer Zuschauertribüne zur Folge hatten, erließ Kaiser Franz Joseph I. eine neue Anordnung betreffend Hinrichtungen. Diese mussten künftig unter Ausschluss des Volkes im Galgenhof des Wiener Landesgerichts stattfinden.

Kein unbeschriebenes Blatt

Georg Ratkay aus Ungarn, der in Wien als Tischlergeselle arbeitete, war zum Zeitpunkt des Mordes den Behörden längst bekannt. Er hatte in den Jahren zuvor wegen mehrfacher Vergehen wie Diebstahl und Veruntreuung immer wieder Strafen wie Stockstreiche, Arrest und verschärften Kerker ausgefasst. Am 9. Jänner 1868 allerdings sollte es nicht bei einer vergleichsweise harmlosen Entwendung von Eigentum bleiben, sondern ein grausamer Mord geschehen – und dabei handelte es sich keineswegs um eine Tat im Affekt, sondern um ein von langer Hand geplantes Kapitalverbrechen.

Der mit seiner korrekt nach hinten gekämmten Frisur, dem jugendlichen Gesicht mit lediglich dem Anflug eines Schnurrbartes und den wachen braunen Augen harmlos wirkende Ratkay hatte kein Problem damit, sich beim Ehepaar Henke lieb Kind zu machen. Der 64-jährige Tischler Ferdinand und dessen 38-jährige Gattin Maria bewohnten in der Adamsgasse 9 eine Wohnung im ersten Stock, in der sich ein Kabinett befand, in dem die Handarbeiterin Josepha Kopriwa und deren Geliebter logierten. Am 11. Jänner klopfte ein Fremder an die Tür, gab sich als Goldschlägergehilfe namens Eduard Reinhold aus und fragte nach einer Übernachtungsmöglichkeit. Ferdinand Henke bot dem Mann daraufhin ein Bett im ehelichen Schlafzimmer an, das dankend angenommen wurde. Die Gutmütigkeit des Ehepaars sollte sich jedoch schon zwei Tage später als großer Fehler erweisen.

Bluttat aus niedrigen Beweggründen

Am Tattag verließ Ferdinand Henke die Wohnung kurz vor sieben Uhr morgens, um zur Arbeit zu gehen. Seine Gattin wusch in der Küche das Geschirr ab, zog sich danach aber mit Kopfschmerzen wieder zurück. Anschließend hörte Josepha Kopriwa den vorübergehend einquartierten Gast etwa eineinhalb Stunden lang mehrmals die Wohnung durchqueren, ehe er sie verließ. Kurz darauf begab sich die Handarbeiterin vor das Schlafzimmer ihrer Quartiergeberin, um sie etwas zu fragen. Als sie keine Antwort erhielt, trat sie ein und fand Maria Henke mit eingeschlagenem Schädel in ihrem Bett vor, neben ihr ein blutbesudelter Hobel, bei dem es sich um die Mordwaffe handelte. Es fehlten eine silberne Zylinderuhr mit Goldrand und rund 62 Gulden.

Der mutmaßliche Täter Eduard Reinhold konnte in der Nacht vom 13. auf den 14. Februar in der Wohnung des Vaters seiner Geliebten Carolina Geserich aufgegriffen und als Georg Ratkay identifiziert werden. Er gestand den Raubmord sofort und gab auch zu, diesen bereits beim Ersuchen um eine Schlafstatt geplant zu haben. Vor Gericht zeigte sich Georg Ratkay reumütig und vergoss bei der Schilderung des Verbrechens immer wieder ein paar Tränen. Er verwies auf den Umstand, dass er früh seinen Vater und damit den Halt verloren hatte – doch es half alles nichts, der Raubmörder wurde zum Tod durch den Strang verurteilt.

Volksfest am Schauplatz der Hinrichtung

Nach rascher und konsequenter Ablehnung der Begnadigung durch Kaiser Franz Joseph I. war die Exekution von Georg Ratkay für den 30. Mai 1868 geplant. Am Vorabend brachte man ein Blumenbouquet in die Zelle des Delinquenten, der daraus kleine Sträußchen machte und diese weinend an seine Mithäftlinge verteilte. Am Tag der Hinrichtung ging der Mörder um fünf Uhr zu Beichte und erhielt danach Besuch von seiner Geliebten

Carolina Geserich, die ihm seine Sünden verzieh. Kurz darauf verließ er in Begleitung von zwei Soldaten das Landesgericht. Auf der Fahrt zur Spinnerin am Kreuz betete Ratkay unentwegt mit einem Kruzifix in der Hand.

Am Ziel angekommen, schritt er mit gefasster Miene auf den Galgen zu, der von Mitgliedern eines Infanterieregiments und der Polizei bewacht wurde. Er trug dabei eine schokoladenbraune Hose und weiße Oberbekleidung mit zurückgeschlagenem Kragen – das Galgenhemd. Die anwesenden Wiener feierten bereits ein rauschendes Fest: Die Männer grölten angetrunken um die Wette und die Frauen standen mit Operngucker auf den Emporen, um nur ja keinen Moment des Spektakels zu versäumen. Als Ratkay kurz darauf mit einem Strick um den Hals sein Leben aushauchte, gebärdete sich der Pöbel so wild, dass eine Tribüne zusammenbrach.

Kaiser Franz Joseph I. zeigte sich vom Verhalten seiner Untertanen entsetzt und erließ sofort eine neue Anordnung: Sämtliche Hinrichtungen hatten in Zukunft unter Ausschluss der Öffentlichkeit im Galgenhof des Wiener Landesgerichts stattzufinden.

Adamsgasse 9

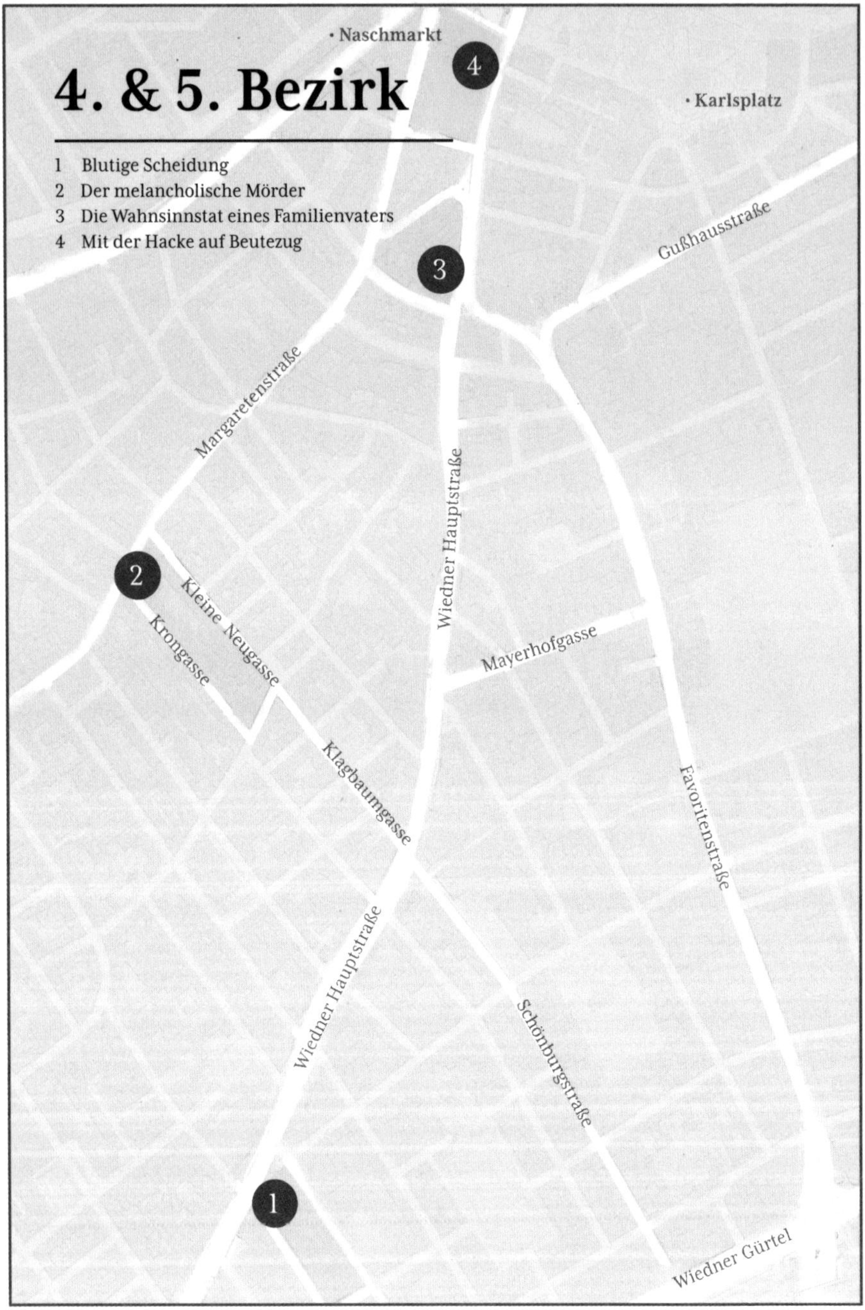
· Naschmarkt
4. & 5. Bezirk
1 Blutige Scheidung
2 Der melancholische Mörder
3 Die Wahnsinnstat eines Familienvaters
4 Mit der Hacke auf Beutezug
· Karlsplatz
Gußhausstraße
Margaretenstraße
Wiedner Hauptstraße
Kleine Neugasse
Krongasse
Mayerhofgasse
Klagbaumgasse
Favoritenstraße
Wiedner Hauptstraße
Schönburgstraße
Wiedner Gürtel
1
2
3
4

1 BLUTIGE SCHEIDUNG

Im Dezember 1808 erschlug die 23-jährige Greißlergattin Theresia Kandl ihren Ehemann Matthias im Schlaf mit einer Hacke. Die grausame Bluttat geschah in der gemeinsamen Wohnung im Haus *Zum (goldenen) Salzküfel* am Hungelgrund Nr. 9 (heute **Wiedner Hauptstraße 91–93**) im 4. Wiener Gemeindebezirk Wieden. Sie entledigte sich damit eines Mannes, der sie im Alkoholrausch immer wieder brutal missbraucht und geschlagen hatte. Den wesentlich älteren, wohlhabenden Lebensmittelhändler hatte sie nur geheiratet, um keine ledige Frau mehr sein zu müssen und ein wenig Wohlstand zu erlangen.

Nach dem Mord stopfte die hübsche Frau, später von der Presse „schönste Mörderin Wiens" genannt, den blutüberströmten Leichnam in eine Obstbutte, die sie unter größten Anstrengungen durch den eisigen Wintersturm bis zur Piaristengasse im 8. Wiener Gemeindebezirk Josefstadt schleppte. Dort ließ sie geschwächt den Körper in den Schnee gleiten und eilte davon. Nach einem längeren Verhör gestand Theresia Kandl die Tat und gab als Motiv ihr Ehemartyrium an. Sie wurde zum Tod durch den Strang verurteilt und am 13. März 1810 als eine von wenigen weiblichen Wienerinnen vor den Augen der Öffentlichkeit bei der Spinnerin am Kreuz gehenkt.

Der Leichenfund und eine trauernde Witwe

In einer stürmischen Winternacht des Kriegsjahres 1809 wurde vier Tage vor dem Heiligen Abend in einem Schneehaufen am Gehsteig in der Piaristengasse ein bis aufs Hemd entkleideter Mann gefunden. Bei der über und über mit Blut besudelten Leiche handelte es sich um den Greißler Matthias Kandl, wie die herbeigerufenen Gerichtskommissäre Albrecht und Seißer rasch feststellen konnten. Sie suchten die Gattin des Ermordeten im Haus des Lebensmittelhändlers in der heutigen Wiedner Hauptstraße 91–93, das *Zum (goldenen) Salzküfel* hieß, auf. Theresia Kandl gab sich als untröstliche Witwe und erzählte, dass ihr Ehemann abends Schmalz einkaufen gegangen war und 150 Gulden sowie eine Uhr bei sich gehabt hatte, weshalb die Polizisten zuerst von einem Straßenraub mit Totschlag ausgingen.

Während man bei Wirten und in den Herbergen der Umgebung nach dem Täter fahndete, wurde auf dem Kriminalgericht am Hohen Markt die Greißlergattin vernommen. Die bildhübsche Theresia traf mit ihrer tränenreichen Aussage mitten ins Herz der Gerichtskommissäre, die davon überzeugt waren, dass die Frau keine Schuld traf. Einen Tag nach dem Mord tauchte ein Zeuge auf, der den Namen eines angeblichen Liebhabers von „der Kandlerin" nannte, den Albrecht und Seißer im weiteren Gespräch der Witwe gegenüber erwähnten. Diese leugnete das außereheliche Verhältnis vehement und wurde dabei sogar ausfallend, woraufhin man sie einsperrte und eine Untersuchung im Haus am Hungelgrund anordnete.

Die erdrückende Beweislast und das Geständnis

In der Wohnung oberhalb des Lebensmittelladens fand man verwischte Blutspritzer an der Wand. Es schien somit festzustehen, dass die Greißlergattin mit der Tat etwas zu tun haben musste. Zurück auf dem Kriminalgericht setzten die Gerichtskommissäre Albrecht und Seißer die Witwe unter Druck, damit sie den Namen ihres Komplizen nannte – sie waren nämlich davon überzeugt, dass die zarte Frau die schwere Leiche ohne fremde Hilfe niemals so weit hätte tragen können. Kandl gab schließlich den Namen ihres Geliebten preis, den sie zugleich als Mörder ihres Gatten bezeichnete. Schon wenige Stunden später wurde Michael Pellmann, Sohn eines Fleischhauers in Mauer, gefunden und verhaftet. Allerdings konnte er ein hieb- und stichfestes Alibi vorweisen. Nach weiteren stundenlangen Verhören gab die Greißlergattin die Tat endlich zu – als Grund gab sie die immerwährenden Misshandlungen ihres Gatten an. „Ausg'hoiden hob i's nimma", soll Theresia im Vernehmungszimmer herzerweichend mit glänzenden Tränen in den großen blauen Augen geschluchzt haben.

Einen Plan zur Beseitigung der sterblichen Überreste hatte Theresia im Vorhinein offensichtlich nicht ausgeheckt. Sie wollte ihren Mann nach der Tat allerdings sofort aus dem Haus schaffen. In der Piaristengasse war sie unter der schweren Last und aufgrund eines heftigen Schneesturms vor Erschöpfung beinahe zusammengebrochen und aus diesem Grund die Bürde genau dort losgeworden. Bei einer weiteren Durchsuchung der

Wohnung wurden sowohl das Mordinstrument, die Hacke, wie auch die blutige Butte gefunden.

Eine Galgenparty für die „schönste Mörderin Wiens“

Im Februar 1809 wurde Theresia Kandl im Schranne genannten Gefängnis auf dem Hohen Markt wegen Meuchelmordes zum Tod am Strang verurteilt. Am 16. März strömten die Wiener scharenweise zur Spinnerin am Kreuz, wo das Urteil um zehn Uhr vormittags vollstreckt werden sollte. Der brodelnden Menge wurde die Wartezeit bis zur Ankunft der Delinquentin mit Galgenbier und Arme-Sünder-Würsteln verkürzt, für die Aufrechterhaltung der Ordnung sorgten 332 Mann Kavallerie und 32 Mann Infanterie. Wenige Minuten, nachdem die Verurteilte schreckensbleich, aber gefasst aus dem Malefizkarren gestiegen war und die gaffende Menschenmasse durchschritten hatte, wurde sie auch bereits exekutiert. Die Galgenparty zu Ehren der „schönsten Mörderin Wiens“, die einem feuchtfröhlichen Volksfest glich, dauerte bis in den späten Nachmittag hinein. Bei Einbruch der Dunkelheit wurde ihr toter Körper abgenommen und sang- und klanglos verscharrt.

Theresia Kandl war eine von wenigen weiblichen Wienerinnen, die öffentlich am Galgen gehenkt wurden. Zugleich handelt es sich bei ihr um die letzte Frau in Österreich, die an der Hinrichtungsstelle Spinnerin am Kreuz ihr Leben ließ. Ihr Skelett ist im Wiener Kriminalmuseum (siehe Seite 45 „Ort der Verbrechen“) ausgestellt.

Wiedner Hauptstraße

2 DER MELANCHOLISCHE MÖRDER

Im Jänner 1897 wurde in einer Wechselstube in der Kärntnerstraße ein junger Mann namens Ferdinand Dolezal verhaftet, der dort einen Pfandschein über zwei Lose verkaufen wollte, die aus dem Besitz einer kurz zuvor getöteten Frau stammten. Der 25-jährige beschäftigungslose Kontorist konnte damit des Raubmordes überführt werden, der im November des Vorjahres an Maria Stöger in deren Wohnung in der **Krongasse 20** im 5. Wiener Gemeindebezirk Margareten verübt worden war. Eine Hausdurchsuchung und der Fund belastender Beweisstücke brachte Gewissheit. Bei den anschließenden Ermittlungen stellte sich heraus, dass Dolezal noch ein weiteres Gewaltverbrechen begangen hatte. Sein hartnäckiges Leugnen nützte dem jungen Mann nichts – er wurde für seine Taten zum Tod durch den Strang verurteilt.

Ein tadelloses Charakterbild

Am 20. Jänner 1897 wurde der 25-jährige Ferdinand Dolezal in einer Wechselstube in der Kärntnerstraße verhaftet, als er versuchte, dort einen Pfandschein mit der Nummer 1736 zu verkaufen. Dieser war auf zwei Salzburger Lose ausgestellt worden, die man nach dem Raubmord an der 72-jährigen Pfründnerin (Ertragsbegünstigte kirchlichen Vermögens) Maria Stöger am 12. November des Vorjahres aus deren Wohnung in der Krongasse 20 gestohlen hatte.

Bei der Umfrage unter Dolezals Nachbarn kam heraus, dass der mutmaßliche Raubmörder beliebt war und als solide, fleißig und korrekt galt. Zudem hieß es, er sei stets gefällig anderen gegenüber und zahlte pünktlich seinen Zins. Vor allem die Frauen gerieten ins Schwärmen, wenn sie von dem Verdächtigen sprachen, beschrieben ihn als sensiblen, sanftmütigen Mann, dem sein stets melancholischer Ausdruck im blassen Gesicht ein interessantes Aussehen verlieh. Es wäre lächerlich, darüber einigte man sich rasch, diesen braven und anständigen Menschen mit dem grausamen Verbrechen in Verbindung zu bringen. Dolezals Braut, dic Tochter eines Kaufmanns, mit der er im Fasching 1897 vor den Traualter hatte treten wollen, gab sich ebenfalls komplett ahnungslos.

Ein Lodenrock mit fehlendem Knopf als Beweis

Bei der Durchsuchung der Wohnung von Ferdinand Dolezal fand die Polizei zahlreiche belastende Indizien und konnte den Verdächtigen daraufhin festnageln. So stellten die Beamten etwa die Kleidungsstücke sicher, die laut Zeugenaussagen ein Mann getragen hatte, der zum Tatzeitpunkt vor dem Haus der ermordeten Pfründnerin gesehen worden war. Es handelte sich dabei um einen Lodenrock und einen weichen Filzhut. An der Jacke fehlten ein Hornknopf und ein Stück Stoff, die bei der Spurensicherung am Tatort unter der Leiche des Opfers gefunden und zuvor wahrscheinlich bei einem verzweifelten Kampf herausgerissen worden waren. Darüber hinaus tauchte ein Zettel auf, auf dem sich die Adresse des Opfers befand. Bei einer Gegenüberstellung mit den Augenzeugen identifizierten diese den Verdächtigen eindeutig als den Mann, den sie in der Krongasse öfter gesehen hatten. Es stellte sich heraus, dass Dolezal mehrmals mit Feigenkaffee und Cognac in der Gegend hausieren gegangen war, um ein geeignetes Opfer auszuforschen. Mit Marie Stöger dürfte er vor der Tat sogar bereits mehrfach Kontakt gehabt haben.

Der junge Mann sprach nach seiner Verhaftung ganz unbefangen über die Tat und drückte seine Abscheu darüber aus. Als man ihn derselben bezichtigte, leugnete er empört, etwas damit zu tun zu haben.

Der zweite Raubmord des sanftmütigen Täters

Im Laufe der folgenden Erhebungen im Zusammenhang mit dem Raubmord in der Krongasse gelang es der Polizei, einen weiteren Fall aufzuklären. Dolezal hatte ganz offenbar einen zweiten Raubmord begangen, und zwar an der 71-jährigen Marie Frenzl Anfang Februar 1896. Die Ähnlichkeit des Tathergangs ließ keinen anderen Schluss zu als den, dass Dolezal auch für diese Tat verantwortlich war. In beiden Fällen handelte es sich bei den Getöteten um alleinstehende alte Damen, die dem feschen und zugleich bescheiden auftretenden jungen Mann bereitwillig die Tür geöffnet hatten und anschließend von ihm erdrosselt und ausgeraubt worden waren.

Nach dem Prozess wurde Dolezal, der bis zuletzt alles leugnete, des Mordes an Marie Stöger schuldig gesprochen und zum Tod durch den Strang verurteilt. Die Tat an Marie Frenzl konnte ihm nicht zweifelsfrei nachgewiesen werden, weshalb in diesem Fall ein Freispruch erfolgte. Dolezals Schwester erblindete angeblich vor Aufregung bei Verkündung der Höchststrafe für ihren Bruder und starb wenige Tage später an Herz-Kreislauf-Versagen. Die Braut des jungen Mannes, das stand zweifelsfrei fest, hatte nichts mit den Taten zu tun gehabt und auch nichts davon gewusst. Die Hinrichtung des Raubmörders erfolgte im Oktober 1897.

Krongasse 20

3 DIE WAHNSINNSTAT EINES FAMILIENVATERS

Wenige Tage vor dem Heiligen Abend des Jahres 1867 quartierte sich der 40-jährige Nikolaus Zöhrer mit seiner Gattin, den drei gemeinsamen Kindern und zwei in ihrem Dienst stehenden jungen Frauen im Hotel *Zum goldenen Kreuz* mit der Adresse **Wiedner Hauptstraße 20** im 4. Wiener Gemeindebezirk Wieden ein. Gegen halb fünf Uhr verübte er einen Mordanschlag auf seine Ehefrau Theresia, seine Söhne Gustav und Otto sowie auf seine Tochter Ferdinandine. Danach richtete er eine Schusswaffe auf seinen Brustkorb, drückte ab und tötete sich selbst. Über das Motiv herrschte vorerst Unklarheit, hatte der in seiner deutschen Heimatstadt Bodenbach angesehene Beamte doch erst kurz zuvor angeblich eine Erbschaft von mehreren Millionen gemacht. Rasch stellte sich jedoch heraus, dass es sich dabei um eine Erfindung gehandelt, der Mann vielmehr Schulden angehäuft und keinen Ausweg mehr aus seiner finanziellen Misere gesehen hatte, als sich und seine Familie zu töten.

Der Beginn einer grausigen Familientragödie

Am Samstag, dem 14. Dezember 1867, reiste eine Familie aus Deutschland, bestehend aus den Eltern und drei Kindern, an und quartierte sich im Hotel *Zum goldenen Kreuz* in der Wiedner Hauptstraße 20 ein. Im Zimmer Nr. 12 übernachteten Nikolaus Zöhrer, ein 40-jähriger ehemaliger Telegraphenbeamter aus Bodenbach im deutschen Bundesland Rheinland-Pfalz, mit seiner Gattin Theresia und dem achtjährigen Gustav. Im Raum nebenan befanden sich der erst vier Monate alte Otto, die zweijährige Tochter Ferdinandine sowie eine Amme und die Dienstmagd der Familie.

Am 18. Dezember gegen vier Uhr morgens hörte eines der beiden Mädchen, das mit dem Ehepaar Zöhrer nach Wien gekommen war, Hilferufe aus dem Nachbarzimmer, öffnete die Tür und betrat den Gang. Dort begegnete es Nikolaus Zöhrer, der wie von Sinnen sofort auf es losstürmte und mit einem Borer, einem mit Blei gefüllten, schweren Stock, niederschlug. In der anderen Hand hielt er eine Schusswaffe, von der er zu diesem Zeitpunkt jedoch noch keinen Gebrauch machte. Es gelang der jungen Frau, sich hochzurappeln und die Flucht zu ergreifen. Ihr auf dem Fuß folgte die Amme, die den Angriff aus dem Zimmer heraus beobachtet hatte.

Der weitere Verlauf der Tatnacht

Der Familienvater stürzte daraufhin an die Betten seiner Kinder, hieb mit dem Borer auf den kleinen Otto ein und gab einen Schuss auf Ferdinandine ab. Danach muss sich Zöhrer wieder zurück in das Zimmer begeben haben, das er sich mit seiner Gattin teilte. Denn als einige von der Amme und der Dienstmagd herbeigerufene Hotelangestellte angelaufen kamen, fanden sie den Raum von innen versperrt vor, und auch auf lautes Klopfen und Rufen öffnete niemand. Der Direktor des Hauses bestellte daraufhin einen Schlosser, doch noch ehe dieser eintraf, knallten im Zimmer vier Schüsse. Währenddessen fand man im Nebenraum den vier Monate alten Säugling mit schweren Verletzungen und das zweijährige, blond gelockte Mädchen tot im Bett liegend vor. Als die Tür, hinter der ein Familienvater offenbar eine Verzweiflungstat begangen hatte, endlich geöffnet werden konnte, bot sich den Eintretenden ein Bild des Grauens: Die Eheleute lagen tot neben dem Bett auf dem Boden, während sich eine riesige Blutlache um sie herum ausbreitete. Der achtjährige Gustav befand sich, durch einen Streifschuss verletzt, ebenfalls im Raum. Er war bei Bewusstsein und sagte aus, dass der Vater ihn angegriffen und danach seine Mutter und sich selbst umgebracht hatte. Der ältere Sohn überlebte den Angriff und der kleine Otto verstarb im Spital.

Die ominöse Erbschaft und die Hintergründe der Tat

Neben der Leiche von Nikolaus Zöhrer fand man außer dem Borer und einem sechsläufigen Revolver mehrere Papiere, aus welchen hervorging, dass der Beamte mit Spekulanten über den Ankauf diverser Realitäten in Verhandlung stand. Zudem lagen unbezahlte Rechnungen und Schuldschreiben auf dem Boden verstreut.

Die Dienstmagd berichtete, dass wenige Wochen vor der Tat im Dezember 1867 ein reicher Verwandter ihres Dienstgebers in London verstorben war und ihm als Universalerben mehrere Millionen Gulden vermacht hatte. Angeblich sollte die finanzielle Angelegenheit anschließend in Wien geregelt und zum Abschluss gebracht werden. Die junge Frau erzählte außerdem, dass Zöhrer in Deutschland seine Anstellung gekündigt und sich für die Reise nach Österreich Geld von ihr ausgeborgt hatte. In den Tagen nach der Ankunft im Hotel *Zum goldenen Kreuz* war er dann häufig geschäftlich unterwegs gewesen, wo genau, konnte nicht mehr eruiert werden. Fest stand bereits nach kurzer Zeit nur, dass diese Erbschaft nicht existierte. Man nahm an, der Familienvater hätte aufgrund der Aussichtlosigkeit seiner Situation, unter Umständen auch seit längerer Zeit geisteskrank, die Nerven verloren und infolgedessen diese Wahnsinnstat begangen, für die das offizielle Motiv „zerrüttete Vermögensverhältnisse" galt.

4 MIT DER HACKE AUF BEUTEZUG

Das „Freihaus auf der Wieden" wurde im 17. Jahrhundert als außergewöhnlich große Wohnhausanlage erbaut, in der rund 1200 Menschen wohnten. Es verdankte seinen Namen dem Umstand, dass mit dem Kauf des Gebäudes diverse „Freibriefe" ausgestellt wurden. So erhielt der Besitzer etwa das Privileg der eigenen Gerichtsbarkeit über alle Bewohner des Gebäudekomplexes. Heute steht auf einem Teil des Areals der ehemaligen Anlage, die 1657 abbrannte und anschließend abgetragen und wiederaufgebaut wurde, die Technische Universität (TU) Wien, von der man ein auf der Wiedner Hauptstraße gelegenes Institut auch „Freihaus" nennt. Im April 1865 wurde der Juwelier Gottlieb Obrist, dessen Geschäft sich im Gewölbe des Freihauses Nr. 1 im Bereich der aktuellen Adresse **Wiedner Hauptstraße 2** (heute das Areal der TU-Wien-Bibliothek) im 4. Wiener Gemeindebezirk Wieden befand, ausgeraubt. Bei dem Überfall hat der Täter jedoch nicht nur Preziosen im Wert von mehreren Tausend Gulden gestohlen, sondern auch die zu jener Zeit im Laden anwesende 29-jährige Wilhelmine Obrist brutal attackiert. Die Gattin des Juweliers wurde mit einer Hacke verstümmelt und kam nur knapp mit dem Leben davon. Der

Verbrecher konnte rasch ausfindig gemacht werden. Es handelte sich um den 24-jährigen stadtbekannten Dieb Joseph Bieringer, den man für seine Tat zu lebenslänglichem schwerem Kerker verurteilte.

Der brutale Angriff

Am 22. April zwischen neun und zehn Uhr vormittags kam ein etwa 30-jähriger, magerer Mann mit dunkelblondem Haar und Schnurrbart in das Geschäft von Gottlieb Obrist im Gewölbe des Freihauses Nr. 1. Hinter dem Verkaufspult stand die 29-jährige Gattin des Ladeninhabers, die später aussagte, dass sie sofort nach dem Eintreten des Fremden Gefahr gewittert hatte. Der Eindringling gab zuerst vor, etwas versetzen zu wollen, zückte jedoch nur wenige Augenblicke später eine Hacke, stürmte auf die wehrlose Frau zu und schlug mit der Tatwaffe auf sie ein. Dabei erlitt das Opfer schwere Verletzungen am Kopf, in der Nackengegend und im Gesicht, das rechte Auge wurde bei dem brutalen Angriff fast aus der Höhle gerissen. Der Räuber schleppte die Totgeglaubte in den hinteren Teil des Gewölbes und deponierte die Hacke in der Schublade eines Kastens. Danach holte er die Barschaft in der Höhe von 130 Gulden aus einem Geheimfach, was der Beweis dafür war, dass er sich mit den Gepflogenheiten des Ehepaars Obrist auskannte und diese vermutlich zuvor ausspioniert hatte. Anschließend nahm er Geld aus der Kassa, brach Auslagen und Schaukästen auf und stahl die dort vorhandenen Juwelen, darunter 40 perlen- und rubinbesetzte Medaillons, Brillantbroschen und Männersiegelringe. Dann flüchtete er und ließ sein Opfer sterbend zurück.

Zahlreiche Verdächtige

Kurz darauf betraten zwei Kundinnen das Geschäft, fanden die schwer verletzte Frau zusammengekauert zwischen zwei Schränken in einer Blutlache sitzend vor und schlugen sofort Alarm. Die Juweliersgattin wurde ins Krankenhaus gebracht, konnte sich an den Überfall aber nicht erinnern und keine Aussage dazu machen. Unmittelbar danach streiften Polizeipatrouillen durch die Gegend rund um das Freihaus, kontrollierten besonders die Branntwein- und Kaffeeschänken und verhafteten zehn verdächtig wirkende Personen. Zugleich nahm man zwei Neffen der Frau Obrist fest, die als „liederliche Subjekte“ galten und von denen einer bereits wegen Raubes im Kerker gesessen hatte. Der andere hatte seine

Tante Monate zuvor mehrmals vergeblich um 20 Gulden angebettelt und anschließend aufgrund ihrer Weigerung Rache geschworen. Beide wurden diversen Augenzeugen gegenübergestellt, mussten aber schon bald wieder entlassen werden, da keine der Personen, die den Täter beim Betreten des Ladens gesehen hatten, sie wiedererkannte. Auch die anderen Inhaftierten mussten wieder auf freien Fuß gesetzt werden. Frau Obrist überlebte den brutalen Angriff – zurück blieben zahlreiche Narben und ein schweres Trauma.

Die Festnahme des brutalen Raubmörders

Mittels eines Steckbriefs, der anhand der Zeugenaussagen angefertigt und in ganz Wien und den außerhalb liegenden Dörfer ausgeschickt worden war, konnte der Täter relativ rasch ermittelt werden. Es handelte sich um den 24-jährigen Joseph Bieringer, einen stadtbekannten und bereits mehrmals abgestraften Dieb, der sich in Fischamend im Wirtshaus *Zum schwarzen Adler* einquartiert hatte. Berittene Polizeisoldaten machten sich sofort auf den Weg und verhafteten den Verbrecher am 24. April 1865 in flagranti beim Verhandeln mit einem Müller, dem er einen Teil des Diebesguts zum Verkauf anbot. Bei der Durchsuchung seines Zimmers im Gasthaus fand man zudem eine Kiste mit weiteren Wertsachen, die der sofort angereiste Gottlieb Obrist als Stücke aus seinem Besitz identifizierte und die somit nachweislich aus dem Überfall auf den Juwelierladen zwei Tage zuvor stammten. Joseph Bieringer wurde in seinem Prozess, der Mitte des Jahres stattfand, zu lebenslänglichem schwerem Kerker verurteilt.

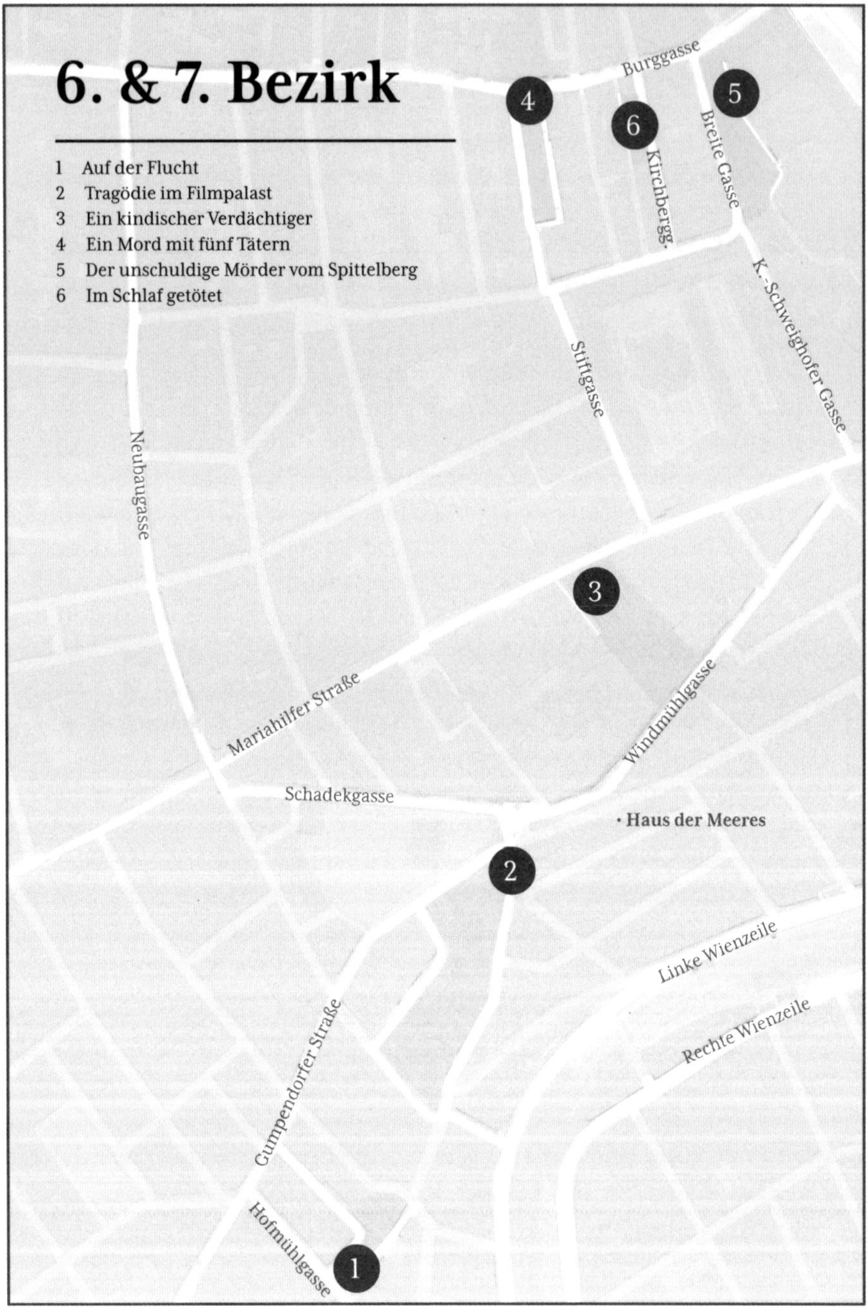
6. & 7. Bezirk
1 Auf der Flucht
2 Tragödie im Filmpalast
3 Ein kindischer Verdächtiger
4 Ein Mord mit fünf Tätern
5 Der unschuldige Mörder vom Spittelberg
6 Im Schlaf getötet
Burggasse
Breite Gasse
Kirchbergg.
K.-Schweighofer Gasse
Stiftgasse
Neubaugasse
Mariahilfer Straße
Windmühlgasse
Schadekgasse
Haus der Meeres
Linke Wienzeile
Rechte Wienzeile
Gumpendorfer Straße
Hofmühlgasse
1
2
3
4
5
6

1 AUF DER FLUCHT

Im Oktober 1904 machte der Hausbesorger der Magdalenenstraße 78 (heute Richard-Waldemar-Park an der **Ecke Hofmühlgasse 12/Magdalenenstraße 35**) im 6. Wiener Gemeindebezirk Mariahilf einen grausigen Fund. In der verlassenen Wohnung des 31-jährigen Heinrich Klein und seiner 35-jährigen Frau Franziska befand sich die Leiche eines älteren Mannes in einem Sack voller Blutflecken. Von dem frisch vermählten Ehepaar fehlte jede Spur, es konnte erst zwei Wochen später in Paris aufgespürt und verhaftet werden.

Verwesungsgeruch aus der Wohnung

Neun Tage stand ein Fenster zur Magdalenenstraße Tag und Nacht offen, obwohl es draußen stürmte und regnete. Der Hausbesorger wurde am 3. Oktober 1904 schließlich stutzig und klingelte, doch niemand reagierte. In jener Mezzanin-Wohnung lebte das jungvermählte Ehepaar Heinrich und Franziska Klein, das seit Tagen nicht mehr gesehen worden war. Die beiden hatten nach Budapest reisen wollen, um die Mitgift der Frau zu beheben. Ob sie je von dort zurückgekehrt waren, wusste der Hausbesorger allerdings nicht. Da sich von der Unterkunft aus ein penetranter Gestank ausbreitete, ließ der Bedienstete die Tür öffnen und entdeckte einen Sack voller Blutflecken, in dem sich die nur mit einem Hemd bekleidete Leiche eines Mannes befand. Der Täter musste den Versuch unternommen haben, den leblosen Körper, dessen Kopf bereits verwest war, zu zerstückeln, war jedoch daran gescheitert. Bei der ermordeten Person handelte es sich um den 71-jährigen Johann Sikora, Hausbesitzer aus Wien Fünfhaus.

Die dubiosen neuen Nachbarn

Der 35-jährigen Franziska Klein wurde nachgesagt, mit dem Opfer ein Verhältnis gepflegt zu haben. Als geborene Franziska Braun entstammte sie einer wohlhabenden Familie, die in einer Annonce als „junge, hübsche Witwe mit beträchtlichem Vermögen“ einen Mann suchte. Es meldete sich der 31-jährige Heinrich Klein, der dringend Geld für sein Geschäft Pietsch und Klein, ein Laden zur Bronzewarenerzeugung in Mariahilf, benötigte.

Durch die Beziehung mit der offensichtlich begüterten Frau, die zu jenem Zeitpunkt wegen Betrugs, Diebstahls und Falschmeldung gesucht wurde, sah er seine Zukunft gesichert. Braun war in Wirklichkeit jedoch eine Heiratsschwindlerin, die sich von ihren – durch Annoncen geknüpften – neuen Bekanntschaften Waren aller Art besorgen ließ, die sie nie zu bezahlen gedachte. Klein ehelichte die hübsche Dame und zog mit ihr in eine Wohnung in Mariahilf.

Das frisch vermählte Ehepaar hinterließ beim Hausbesorger und bei Nachbarn aber von Anfang an einen dubiosen Eindruck. Am Tag des Mordes ertappte eine Näherin, die zur Untermiete bei den beiden lebte, Franziska Klein mit einem fremden Mann, auf den später die Beschreibung des Ermordeten passte, in deren Wohnung. Hektisch forderte Klein, sie beide in Ruhe zu lassen und die Tür wieder zu schließen.

Kurz nach der Ermordung des Opfers marschierte Franziska Klein zum Geschäft ihres Mannes und verschanzte sich dort für längere Zeit im Keller. Ein Mitarbeiter wurde nach einigen Stunden hellhörig und überprüfte, was die Dame da unten machte – er fand sie beim Geldzählen vor. Zu diesem Zeitpunkt ahnungslos von der schrecklichen Tat, die kurz zuvor in der Wohnung des Ehepaars geschehen war, kombinierte der Mann erst im Nachhinein, dass die Frau die Beute aus dem Verbrechen sortiert haben musste. Ab dann verlor sich die Spur der Kleins, die auch Tage später trotz einer Suchaktion bis in die Nachbarländer verschwunden blieben. Fährten führten zunächst nach Basel und dann nach Paris, wo das Ehepaar am 18. Oktober, 15 Tage nach der Entdeckung der Leiche, aufgespürt und festgenommen wurde. Ein Sicherheitsbeamter hatte die beiden nach deren Personenbeschreibung erkannt und in einem Zimmer ihrer Unterkunft, in der sich Herr Klein als Geschäftsreisender Kuhn ausgegeben hatte, vorgefunden.

Spur nach Paris

„Ihr seid die Mörder des alten Sikora in Wien“, schrie der Staatsbedienstete beim Aufeinandertreffen mit den zwei Flüchtigen. Nach anfänglichen Stammeleien gaben die beiden schließlich zu, den Mann auf dem Gewissen zu haben, revidierten ihr vorzeitiges Geständnis allerdings bald wieder. Frau Klein beteuerte, den Sack mit seinem herausragenden Kopf in ihrer Wohnung vorgefunden zu haben und aus Angst geflohen zu sein. Im Zuge des Verhörs gab sie zu Protokoll, die Mordtat allein begangen zu haben, während ihr Gemahl den Leichnam gar nicht zu Gesicht bekommen habe. „Möge man mich hinrichten, aber nur meinen Gatten soll man in Ruhe lassen. Er ist ganz unschuldig", sagte sie. Mitte November präsentierte Klein dann neue Enthüllungen, denn angeblich hatte das Opfer sie verfolgt und ihr gedroht, sie zu ermorden, so sie nicht seine Frau würde. Auch dass es sich bei der wahren Gesuchten um ihre Doppelgängerin gehandelt habe, die immer noch in Wien unterwegs sei, behauptete sie.

Franziska Klein hatte die Tat zwar allein verübt, ihr Mann war von ihren mörderischen Absichten jedoch unterrichtet gewesen. Die dem Opfer geraubten Schmuckgegenstände und Wertpapiere wurden in ihrer Unterkunft in Paris sichergestellt. Hinter Gittern ließ Klein immer wieder mit skurrilen Aktionen von sich hören. So verspeiste sie eines Tages eine Seife, im Glauben, dadurch in den Tod zu gehen. Auch bezichtigte sie ihren Mann, sie zu einem Schuldbekenntnis gezwungen zu haben, da Frauen nicht gehenkt, sondern maximal mit 14 Jahren Gefängnis bestraft wurden. Im Mai 1905 wurde Franziska Klein zum Tod durch den Strang verurteilt. Im August hat sie Kaiser Franz Joseph I. begnadigt und ihre Strafe in lebenslängliche Kerkerhaft umgewandelt.

2 TRAGÖDIE IM FILMPALAST

Das Apollotheater wurde am 1. September 1904 an der **Ecke Gumpendorfer Straße 63/Kaunitzgasse 2–4** im 6. Wiener Gemeindebezirk Mariahilf eröffnet. Ursprünglich handelte es sich um ein Varietétheater inklusive Hotelbetrieb. Bereits nach einigen Jahren äußerten kritische Stimmen, dass die Institution aufgrund der mäßigen Ausstattung der Bühne veraltet wäre. Die Steuerschulden des Hauses in den 1920er-Jahren führten dazu, dass es ab 1929 als Kino der Kiba, einer Kinobetriebsanstalt-Gesellschaft, betrieben und zur selben Zeit zum ersten großen Tonfilmtheater Wiens umgestaltet wurde. Nach Umbauarbeiten in den 1960er-, 1980er- und 1990er-Jahren ist das *Apollo Kino* nun Teil der Cineplexx-Gruppe.

Im Konferenzzimmer des *Apollo Kino* ereignete sich im August 1931 eine Liebestragödie, deren Protagonisten der 52-jährige Direktor Leopold Alexander und dessen ehemalige Kontoristin und Sekretärin Rosa Püregger waren. Nach einem langjährigen Verhältnis der beiden distanzierte sich der Direktor immer mehr von ihr, was die 31-Jährige jedoch nicht akzeptieren wollte. Das Drama endete mit Mord und Selbstmord.

Verzweiflungstat aus Eifersucht

Am 26. August 1931 arbeitete der Direktor des *Apollo Kinos* länger als gewöhnlich. Kurz vor Ende der Abendvorstellung, gegen elf Uhr, befand er sich mit seinen beiden Sekretären Luscha und Schnitzer sowie einer Dame des Büropersonals in den Direktionsräumlichkeiten, die über den Eingang des Gebäudes in der Kaunitzgasse 4 erreichbar waren. Nach einem Glas Likör und ein paar Zigaretten verließen Schnitzer und die junge Frau das Zimmer, während Luscha noch etwas länger blieb, bald darauf aber vom Direktor ebenso in den Feierabend geschickt wurde.

Gegen ein Uhr Früh vernahm ein Sicherheitsbeamter während eines Rundgangs zwei dumpfe Schüsse, was auch der Nachtportier Karl Keller später bestätigte. Keller hielt Nachschau und fand vor dem Direktionszimmer Hut und Mantel seines Chefs sowie das Kleidungsstück einer jungen Dame vor. Da er sich nichts weiter dabei dachte, zog sich der Mann wieder zurück, wurde aber stutzig, als der Direktor auch eine Stunde später nichts von sich hören ließ. Abermals kontrollierte er, ob alles in Ordnung war, und stellte fest, dass die Tür zum Direktionszimmer offen stand. Beim Eintreten bot sich dem Portier ein schrecklicher Anblick: Der Direktor und eine Frau lagen leblos am Boden. Keller alarmierte Rettung und Polizei, doch bei Leopold Alexander konnte nur mehr der Tod festgestellt werden. Die Frau war bewusstlos, und obwohl sie umgehend ins Krankenhaus gebracht wurde und in den darauffolgenden Wochen immer wieder eine Besserung ihres Zustands auftrat, verstarb die 31-Jährige im September.

Mord und Selbstmord im *Apollo*

Alexander war bereits seit mehr als zwanzig Jahren im *Apollo Kino* tätig. Zwischen ihm und seiner Mitarbeiterin entwickelte sich 1925 ein Verhältnis, woraufhin sich der Direktor sogar nach 20 Jahren Ehe von seiner Gattin scheiden lassen wollte. Seine Versprechungen setzte der 52-Jährige aber nicht in die Tat um und zog sich im Gegenteil immer mehr von seiner Geliebten zurück, was Püregger nie verkraften sollte. Nach ihrer Anstellung im Kino arbeitete sie kurzzeitig bei der Paramount-Filmgesellschaft, wo sie aber aufgrund psychischer Probleme bald kündigte. Danach kam sie wiederholt im *Apollo Kino* vorbei, um ihre ehemalige Affäre zu besuchen.

Vor der Tat hatte Alexander bereits Todesahnungen geäußert, da Püregger ihm immer wieder damit gedroht haben soll, ihn zu erschießen, wenn er sich nicht von seiner Ehefrau scheiden lassen und sie heiraten würde. Die junge Frau war schon lange einem Nervenzusammenbruch nahe und hatte fatale Pläne geschmiedet, die sie am 26. August 1931 wahr machte. Zuerst ermordete sie ihren ehemaligen Liebhaber mit einem Kopfschuss und jagte sich im Anschluss selbst eine Kugel in den Kopf. Alexanders Frau gab später zu Protokoll, seit einiger Zeit vom Verhältnis ihres verstorbenen Mannes gewusst zu haben, da sie eines Tages einen Brief der Geliebten in die Hand bekommen hatte, der an ihn adressiert war. Unter Tränen beteuerte sie, dass sie lieber selbst aus dem Leben geschieden wäre, hätte sie geahnt, dass es sich bei der Beziehung der beiden um ein derart enges Verhältnis gehandelt hatte.

Erschütterung und Zweifel

Püregger hinterließ folgenden Abschiedsbrief: „Mein letzter Wille! Was immer mir geschehen sollte, ist gleichgültig. Denn Alexander hat mich tödlich verletzt, das Leben gilt mir nichts mehr.“ In einem Brief an ihre Mutter gab sie ferner zu, seit April einen geladenen Revolver bei sich geführt zu haben.

Das grausame Attentat erschütterte nicht nur das Personal des renommierten Hauses, sondern die gesamte Stadt. Direktor Leopold Alexander war ein angesehener Theater- und Varietéfachmann gewesen, seit 1908 als artistischer Leiter im *Apollo* tätig und für die Bühneneinlage des Programms verantwortlich.

Im August kam in Zeitungen zum ersten Mal die These auf, dass der eigentliche Täter Leopold Alexander selbst gewesen sein könnte, da dieser aus nächster Nähe erschossen und die Waffe direkt neben ihm gefunden worden war. Außerdem befand sich das Einschussloch auf der linken Seite des Kopfes und bei dem Direktor hatte es sich um einen Linkshänder gehandelt. Die Tat lief in Wirklichkeit möglicherweise so ab, dass Püregger ihm gedroht hatte, sein Familienleben zu gefährden, Alexander daraufhin zur Waffe griff und einen Schuss gegen seine ehemalige Geliebte abfeuerte. Aus Verzweiflung hat er sich in der Folge selbst erschossen. Die Polizei bestätigte diese These jedoch nicht, und so bleiben die genauen Vorgänge im Zusammenhang mit der Liebestragödie im *Apollo Kino* weiterhin ungeklärt.

Mariahilfer Straße 45

3 EIN KINDISCHER VERDÄCHTIGER

Ende des 18. Jahrhunderts wurde im sogenannten Hirschenhaus mit der Adresse **Mariahilfer Straße 45** im 6. Wiener Gemeindebezirk Mariahilf der Schauspieler und Dramatiker Ferdinand Raimund geboren. Beim heutigen Raimundhof handelt es sich um ein Durchhaus mitten im urbanen Zentrum Wiens mit einer Aneinanderreihung von fünf Stiegen und vier Innenhöfen, die terrassenartig zur Windmühlgasse abfallen.

Im Jänner 1874 geschah in dem Gebäudekomplex, in jener Zeit das größte Zinshaus im Bezirk, ein grausamer Mord – Opfer war die 32-jährige Köchin Viktoria Moldaschl. Bei dem mutmaßlichen Täter handelte es sich um den 17-jährigen Goldarbeiterlehrling Josef Fischer, der es in den folgenden Verhören laut Polizeibeamten jedoch meisterhaft verstand, „sich derart blöd und kindisch zu stellen“, dass ihm die schreckliche Tat letztendlich nicht zugetraut wurde. Das Verbrechen konnte nie aufgeklärt werden.

Ein Raubmord in der Wohnung des Vergolders

Im heutigen Raimundhof mit der Adresse Mariahilfer Straße 45 bewohnte zum Zeitpunkt des Verbrechens der Vergolder Anton Lenzig im zweiten Stock auf der achten Stiege mehrere Zimmer, von welchen er eines als Werkstätte nutzte. Am 26. Jänner 1874 verließ die Ehefrau des Geschäftsmannes am späten Nachmittag das Haus, um ihre kranke Mutter zu besuchen. Kurz darauf machte sich Anton Lenzig auf den Weg ins Gasthaus, um dort sein Abendbrot einzunehmen. Die 32-jährige Köchin Viktoria Moldaschl, die für das Ehepaar als Dienstmädchen arbeitete, blieb allein in der Wohnung zurück.

Als Lenzig gegen zehn Uhr abends nach Hause zurückkehrte, bot sich ihm ein schreckliches Bild: In der Küche lag seine Angestellte grausam verstümmelt in einer Blutlache. Der Kopf der jungen Frau war vollkommen zerschmettert, das Gehirn teilweise am Boden verteilt und das Gesicht mit Säure verätzt worden. Auf dem Körper befand sich ein breiter, blutbesudelter Hammer, augenscheinlich die Mordwaffe. Der Vergolder verständigte sofort das Kommissariat Mariahilf und stellte anschließend fest, dass zahlreiche wertvolle Schmuckstücke aus einem Schrank fehlten. Die Befragung der Nachbarn brachte keine Hinweise, eine Suche in den Lokalen der Umgebung blieb erfolglos.

Der mögliche Täter, den man nicht ernst nahm

Im März desselben Jahres wurde der 17-jährige Lehrling des Vergolders, Josef Fischer, festgenommen, der sich durch verschiedene Aussagen zu der Tat und Äußerungen über Viktoria Moldaschl verdächtig gemacht hatte. Allerdings gebärdete er sich während der Verhöre durch die Beamten des Sicherheitsbüros extrem kindisch und gab sich dumm, sodass man den jungen Mann nicht ernst nehmen konnte und ihn schließlich wieder freiließ. Doch die Verdachtsmomente gegen ihn blieben bestehen, da er sich in der Folge weiterhin merkwürdig verhielt. So überbrachte er seinem Arbeitgeber nahezu täglich einen Brief, der die Unterschrift „Der Mörder der Moldaschl" trug und Details zum Tathergang sowie die Zuversicht, nie geschnappt zu werden, enthielt. Der Bursche behauptete zwar, die Schriftstücke von verschiedenen Boten erhalten zu haben, aber eine Untersuchung ergab später, dass sie von ihm selbst stammten. Währenddessen machte er sich in den Gasthäusern, in welchen er verkehrte, über die Polizei lustig und höhnte, dass sie den Mörder niemals erwischen würde. Man befragte ihn daraufhin neuerlich mehrmals im Sicherheitsbüro, konnte dem Lehrling aber auch weiterhin nichts nachweisen und stellte lediglich fest, dass er offenbar unter krankhaftem Geltungsbedürfnis litt. Ein zweites Mal wurde entschieden, dass Josef Fischer zu einfältig war, um einen brutalen Raubmord zu planen und durchzuführen. Die anschließenden Untersuchungen durch die Behörden verliefen im Sand, es gab keine weiterführenden Spuren, keine neuen Hinweise, keine weiteren Verdächtigen. Der brutale Mord an der 32-jährigen Köchin blieb ungeklärt. Fünf Tage vor dem Mord an Moldaschl im Hirschenhaus war die Prostituierte Katharina Kron (siehe Seite 145 „Die tote Kartenaufschlägerin") in ihrer Wohnung erdrosselt worden – auch für dieses Verbrechen konnte nie ein Täter zur Verantwortung gezogen werden.

44 Jahre nach dem Mord an Viktoria Moldaschl

Am 31. August 1918 ermordete Josef Fischer in seiner Wohnung in der Haslingerstraße 74 im 17. Wiener Gemeindebezirk Hernals das 22-jährige Hotelstubenmädchen Marie Drda. Der ehemalige Goldarbeiter, der in der

Zwischenzeit auf Hundemaulkorbmacher umgesattelt hatte, war bereits während des Ersten Weltkriegs durch Gaunereien wie Schleichhandel und Zigarettenwucher neuerlich ins Visier der Polizei geraten. Der mittlerweile 61-Jährige hatte sich vor der Tat das ihm anvertraute Vermögen der gutgläubigen Frau, die Fischer von Kindheit an gekannt hatte, angeeignet und sie kurz darauf mit einer Hacke erschlagen. Anschließend ging er in ein Gasthaus essen. Am Folgetag hob er im Keller ein Loch aus, zerstückelte die Leiche in seiner Wohnung und vergrub die Teile in dem vorbereiteten Grab. Als jedoch der Onkel des Mädchens, Ruppert Wurm, das Verschwinden seiner Nichte und die Bekanntschaft zu der zwielichtigen Gestalt Fischer meldete, kam man dem Mann schnell auf die Schliche. Blutspuren und Fleischfetzen in der Küche des Verdächtigen verwiesen auf den Tatort und der Verwesungsgeruch im Haus führte zur Verwahrungsstätte der Toten.

Nach langem Verhör folgte ein Geständnis des Hundemaulkorbmachers, der anschließend zu einer lebenslangen Freiheitsstrafe verurteilt wurde. Den Mord an Viktoria Moldaschl hat er auch 44 Jahre später nicht zugegeben.

4 EIN MORD MIT FÜNF TÄTERN

An einem bitterkalten Nachmittag im Jänner des Jahres 1877 wurde die 82-jährige Marianne Gottwald in ihrer Wohnung im Haus Stiftgasse 28 (heute **Ecke Stiftgasse 18/Burggasse 23**) im 7. Wiener Gemeindebezirk Neubau von der Hausbesorgerin Barbara Reingruber tot aufgefunden. Sie war mutmaßlich von einem Fremden verfolgt worden, der sie brutal erwürgte und danach bestehlen wollte, als sie nach dem Wasserschöpfen im Hofbrunnen wieder in ihre Räumlichkeiten zurückgekehrt war. Ihr Erspartes hatte die Greisin stets sorgsam bewacht, kämpfte noch im Sterben mit ihrem Mörder und gab die Geldbörse nicht heraus. Man fand das Portemonnaie bei der Untersuchung der Leiche in Gottwalds verkrampfter

Hand, die sie hinter dem Rücken verborgen hatte. Nach zahlreichen Befragungen und Verhören in der Nachbarschaft der alten Frau in dem dreistöckigen Haus stellte sich heraus, dass diese gleich fünf Verbrechern zum Opfer gefallen war.

Der Tod einer „schwachsinnigen Alten“

Am 9. Jänner 1877 herrschte vormittags trotz eisiger Kälte reges Treiben im Hof der Stiftgasse 8. Einige Bewohnerinnen des Hauses hatten sich beim Brunnen eingefunden, um Wasser zu schöpfen und dabei gleich ein wenig zu tratschen. Auch Marianne Gottwald kam gegen elf nach unten, murmelte ein paar Grußworte und stieg gleich darauf mit gefülltem Eimer wieder die Treppen zu ihren Räumlichkeiten hinauf. Sie galt als „schwachsinnig“, war zudem nie besonders gesprächig, dafür aber sehr rüstig für ihr Alter. Was kurz darauf in der Stube der Greisin hinter verschlossenen Türen geschah, bekam von der Gruppe im Hof niemand mit, es drangen auch keine Schreie ins Freie. Ebenso wenig wurde ein Fremder gesehen, der die Wohnhausanlage betrat.

Als die Haubesorgerin Barbara Reingruber ihrer Nachbarin gegen vier Uhr Essen bringen wollte, da man wusste, dass sich die alte Frau selbst nichts vergönnte, fand sie die Tür zu den Räumlichkeiten Gottwalds offen stehend vor. Sie trat ein und bemerkte, dass in der Stube die Vorhänge vor das einzige Fenster gezogen waren. Erst dann erblickte sie die 82-Jährige auf ihrem Bett liegend, eine Hand hinter dem Rücken, die leblosen Augen starr gegen die Decke gerichtet. Reingruber verständigte augenblicklich die Polizei, die in Begleitung eines Arztes erschien, der Tod durch Erdrosselung attestierte.

Polizeiliche Spekulationen

Als man der alten Frau den Arm nach vorne bog, stellte man fest, dass sie ihre Geldbörse mit steifen Fingern fest umklammerte. Die Hausbesorgerin erzählte den Justizbeamten, dass die „schwachsinnige Alte“ ihr Vermögen stets mit Argusaugen bewacht, das Portemonnaie nachts unter ihrem Kopfpolster deponiert und dieses tagsüber in einem Versteck in ihrem Unterrock verborgen hatte.

Der Kampf mit dem Verbrecher dürfte nicht lange gedauert haben, denn im Zimmer fand man keinerlei Unordnung vor. Der Schlüssel zu Gottwalds

Quartier lag auf einem Tischchen neben dem Bett. Die Vermutung der Polizei lautete: Ein Fremder musste der Greisin nachgeschlichen sein, als sie sich auf den Weg zurück in ihre Wohnung machte, seinem Opfer, nachdem dieses aufgesperrt hatte, von hinten einen Stoß versetzt und mit ihm gemeinsam die Stube betreten haben. Als der Täter feststellte, dass ihm die auffallend agile Dame heftige Gegenwehr entgegenbrachte und auch ihre Wertsachen nicht freiwillig herausgab, hat er seine Hände um ihren Hals gelegt und zugedrückt, bevor er eilig flüchtete – augenscheinlich ohne Beute. Bei einer weiteren Befragung in der Nachbarschaft erfuhren die Beamten, dass der arbeitsscheue Neffe der Frau, Johann Gottwald, ihr wenige Monate zuvor vier Talerstücke gestohlen hatte.

Das Geständnis eines Tagelöhners

Wenige Wochen nach der grausamen Tat beging der Ehemann von Barbara Reingruber Selbstmord. Sofort wurde die Hausbesorgerin eingehend verhört, anschließend aber entlassen, da sich keine Anhaltspunkte für ihre Schuld und die ihres Gatten fanden.

Monate später stellte sich Folgendes heraus: Ein Taglöhner namens Gottfried Klampfl verfügte plötzlich über viel Geld, das er mit Dirnen durchbrachte. Er wurde vernommen und gestand, auf der Schmelz in Rudolfsheim-Fünfhaus ein Sparbuch gefunden zu haben, auf dem sich 500 Gulden befanden. Recherchen ergaben, dass es sich dabei um einen Teil der Ersparnisse von Marianne Gottwald handelte. Gute Freunde des Taglöhners, Raimund Schönbauer, dessen Ehefrau Eva und Bruder Ferdinand, hatten ihn laut seiner Aussage zu dem Raub überredet. Zuvor waren diese drei Personen wiederum von Barbara Reingruber, die vom Reichtum des Opfers wusste, angestachelt worden.

Klampfl, der mit Erlaubnis des Gatten ein unsittliches Verhältnis zu Eva Schönbauer unterhielt, gestand den Diebstahl des Sparbuchs der 82-Jährigen und auch den anschließenden Mord, den er in Panik begangen hatte. Er gab an, das Geld behoben und mit den anderen in das Verbrechen Involvierten geteilt zu haben. Der Ehemann von Barbara Reingruber hatte vermutlich von der Tat erfahren und sich deshalb das Leben genommen. Gottfried Klampfl wurde im April 1877 zum Tod durch den Strang, Raimund Schönbauer zu zehn und sein Bruder Ferdinand zu sieben Jahren schwerem Kerker verurteilt. Barbara Reingruber und Eva Schönbauer kamen frei.

5 DER UNSCHULDIGE MÖRDER VOM SPITTELBERG

Der **Spittelberg** im 7. Wiener Gemeindebezirk Neubau hatte vom 18. bis Mitte des 20. Jahrhunderts einen sehr zweifelhaften Ruf – es handelte sich um das Zentrum der Gaukler und Spielleute, außerdem mit den Dirnen, auch genannt „Bierhäuselmenscher“ und „Hübschlerinnen“, um eine Hochburg der Prostitution. In diesem sündigen Milieu geschahen vor allem im 19. Jahrhundert auch zahlreiche blutige Verbrechen.

Eines davon, ein Raubmord, wurde im Dezember 1833 an Amalie Kuntner begangen. Der Schuldige war laut Zeugenaussagen ein Mann mit Zebraweste, den man schon bald als Josef Müller identifizierte und zum Tod verurteilte. Der Schustergehilfe, der in jener Zeit gerade beim Brünner Regiment diente, beging noch vor seiner Hinrichtung Selbstmord. Zwei Jahre später geschah ein ähnliches Verbrechen, das relativ rasch aufgeklärt werden konnte. Der gefasste Täter gestand schließlich auch die Tat an Amalie Kuntner.

Das Sündenbabel von Wien

Das Areal des Spittelbergs wurde im 16. Jahrhundert vom Bürgerspital erworben, woraus sich auch der ursprüngliche Name „Spitalberg“ ableitete. Bis 1850 eine dörfliche, eigenständige Gemeinde mit Weideland rundherum, entwickelte sich die Gegend zum Sündenbabel von Wien. Auf den Straßen des Viertels trieb sich damals fast ausschließlich „Gesindel“ herum, in den einschlägigen Lokalen brachten clevere Betrüger Menschen beim Glücksspiel um Haus und Hof, während in den Hinterzimmern Dirnen ihrer Arbeit nachgingen. Eines der bekanntesten Lokale war das Gasthaus *Zum weißen Löwen* in der Gutenberggasse 13, in dem einst angeblich auch Kaiser Joseph II. regelmäßig verkehrte. Einmal soll er sogar von der Chefin höchstpersönlich vor die Tür gesetzt worden sein – es heißt, er hätte der Dirne in einem Anflug von „postkoitalem Geiz“ ihren Lohn nicht bezahlen wollen. An diese Begebenheit erinnert heute noch folgender Spruch über der Tür des Lokals *Witwe Bolte*: „Durch dieses Thor im Bogen ist Kaiser Josef II. geflogen.“

Spittelberg

Auch Giacomo Casanova vergnügte sich bei seinen Wienbesuchen auf dem Spittelberg – unter anderen mit Maria Theresias Ehemann Kaiser Franz I. Stephan, worüber sich die Monarchin *not amused* zeigte und Casanova der Stadt verwies.

Der Mörder mit der Zebraweste

In einer kalten Winternacht des Jahres 1833, nur wenige Tage vor dem Heiligen Abend, hat man der 70-jährigen Gärtnerswitwe Amalie Kuntner den Schädel zertrümmert, sie ausgeraubt und danach sterbend zurückgelassen. Am 19. Dezember wurde die Frau tot in ihrer Wohnung am Spittelberg gefunden, nachdem Nachbarn sie tagelang nicht gesehen und daraufhin besorgt die Polizei verständigt hatten. Eine Umfrage unter den Nachbarn ergab, dass zur mutmaßlichen Tatzeit ein Mann mit schwarz-weißer Weste vor dem Haus des Opfers gesehen worden war. Und ein ebensolches Kleidungsstück, noch dazu blutbesudelt, entdeckte ein Arbeiter auf dem Gallitzinberg am Rand des 16. Wiener Gemeindebezirks Ottakring in einem Gebüsch. Im Futter eingenäht fand man einen Militär-Einberufungszettel, der den Schuhmacher Josef Müller aus Purkersdorf zum Einrücken bei einem Brünner Regiment aufforderte. Der Verdächtige war rasch ausgeforscht und wurde verhaftet. Im Verhör gab er an, am 17. Dezember nach Wien gekommen und zwei Tage lang betrunken von einem Wirtshaus zum anderen gezogen zu sein, um am 19. weiter nach Brünn zu reisen. Bei einer Übernachtung im Freien, die er im Vollrausch verbracht hatte, sei ihm sein Bündel mit Wäsche, also auch die Zebraweste, gestohlen worden. Man glaubte dem jungen Mann nicht, sperrte ihn ein und verurteilte ihn zum Tod durch den Strang. In der Nacht nach der Urteilsverkündung erhängte sich der mutmaßliche Mörder in seiner Zelle in der Wiener Salzgrieskaserne an seinem Hosenriemen.

Das Geständnis des wahren Täters

Zwei Jahre später wurde ein Privatier namens Rudolf Schmölz in seiner Wohnung in der Bräunerstraße im 1. Wiener Gemeindebezirk Innere Stadt brutal ermordet und ausgeraubt. Der Täter, ein Tischler namens Christoph Hansel, war rasch gefasst und gestand sofort. Im Besitz des Mannes befand sich ein Gärtnermesser mit markantem Horngriff, dessen Herkunft er nicht erklären konnte und zu dem er widersprüchliche Aussagen machte. Man erinnerte sich daran, dass Amalie Kuntner zwei Jahre zuvor ein solches Schneidewerkzeug gestohlen worden war, und lud Verwandte der Toten vor, die das Messer sofort als Eigentum der Gärtnerswitwe identifizierten. Da gab Hansel auch das Verbrechen am Spittelberg zu und erklärte, als man ihm die Zebraweste zeigte, diese einem betrunkenen Burschen gestohlen und – aufgrund großer Not und Mangel an eigener Kleidung – sofort angezogen zu haben. Anschließend hatte er den Plan gefasst, sich gewaltsam Eintritt in ein Haus zu verschaffen und dort jemanden auszurauben – seine Wahl fiel auf die Wohnung von Amalie Kuntner. Die alte Dame war aufgewacht und aus diesem Grund von ihm sofort mit dem Hieb einer in der Stube herumstehenden Holzhacke zum Schweigen gebracht worden. Christoph Hansel wurde zum Tod durch den Strang verurteilt und am 16. Jänner 1836 bei der Spinnerin am Kreuz hingerichtet.

6 IM SCHLAF GETÖTET

Im August des Jahres 1915 machte Rosalia Plößel am Polizeikommissariat in der Kandlgasse im 7. Wiener Gemeindebezirk Neubau ein Geständnis. Die 27-Jährige gab unter Tränen und vollkommen aufgelöst beim diensthabenden Oberkommissär zu Protokoll, ihren Mann am Vortag durch Übergießen mit einer heißen Lauge getötet zu haben. Plößel war Hilfsarbeiterin und wohnte mit dem 53-jährigen Gatten Alexander, Gerüstbauhilfsarbeiter von Beruf, in der Kirchberggasse 19 (heute befindet sich an dieser Stelle der **Gutenbergpark**).

Ein einfacher Denkzettel

Die Plößels waren kein glückliches Paar. Laufend stritten die Eheleute miteinander, da die Gattin ihrem Partner regelmäßig vorwarf, mit anderen Frauen zu verkehren. Alexander Plößel, der aus einer früheren Ehe fünf

Kinder hatte, von welchen drei bereits verstorben waren, brachten diese Vorwürfe jedes Mal in Rage. Immer wieder stand eine Trennung der beiden im Raum, doch so weit sollte es nie kommen.

Im Anschluss an einen Streit am Sonntag, dem 22. August, bei dem es zu gegenseitigen, wüsten Beschimpfungen kam, legte sich der Mann auf das Sofa, um sich auszuruhen. Er hatte zuvor seiner Frau wieder einmal damit gedroht, sie demnächst zu verlassen, wenn sie nicht von ihren Vorwürfen abließ. Da die 27-Jährige gerade Wasser mit heißer Lauge vorbereitete, um die Wohnung zu reinigen, kam ihr hasserfüllt der Gedanke, ihrem Gatten einen kleinen Denkzettel zu verpassen, und sie übergoss sein Gesicht und den Oberkörper mit der laugenhaltigen Flüssigkeit. Plößel wachte auf und schrie schmerzerfüllt um Hilfe. Überrascht ob seiner Reaktion, bemühte sich die Frau zunächst, seine Schmerzen zu lindern, verabsäumte es aber, einen Arzt zu holen. Völlig überfordert lief sie auf die Straße, irrte umher und wartete auf den Tod des Mannes.

Stundenlange Todesqualen

Endlich kehrte sie, überzeugt davon, dass ihr Gatte längst verstorben sein musste, in die Wohnung zurück. Da sie ihn jedoch immer noch stöhnen hörte, stürmte sie ein weiteres Mal auf die Straße hinaus und überließ den Mann seinem Schicksal. Nach insgesamt drei Stunden furchtbarer Qualen verstarb Alexander Plößel an den Folgen der Verätzung. Seine Frau konnte nach ihrer Rückkehr kaum fassen, dass die einfache Lektion, die sie ihrem Gatten hatte erteilen wollen, den Tod nach sich gezogen hatte. Sie legte ein Metallkreuz auf seine Brust und bedeckte den schrecklich zugerichteten, leblosen Körper mit einem Tuch. Als am Nachmittag ihre 18-jährige Stieftochter Alexandrine, die als Stubenmädchen in Währing arbeitete, und der 16-jährige Stiefsohn, Fleischhauer von Beruf, kamen, um die Eltern zu besuchen, teilte sie den beiden mit, dass der Vater einen Schlaganfall erlitten habe. Sie sollten besser wieder nach Hause gehen, wohin sie ihnen demnächst eine Korrespondenzkarte mit den Informationen zum Begräbnis schicken wollte.

„Herzlähmung infolge des Schreckens“

Die darauffolgende Nacht verbrachte Rosalia Plößel im Zimmer mit ihrem toten Mann. Tausend Gedanken gingen ihr durch den Kopf. Auch überlegte sie ernsthaft, ob sie als Folge ihrer unfassbaren Tat Selbstmord begehen sollte. Am nächsten Tag brach sie zum Polizeikommissariat auf und erstattete Anzeige gegen sich selbst. In der Wohnung fand die Polizei die Leiche des Mannes auf einem Diwan liegend vor, der Körper von den Spuren der Laugenverätzung gezeichnet. Im Zuge der gerichtlichen Obduktion stellte sich heraus, dass der Tod von Alexander Plößel durch „Herzlähmung infolge des Schreckens“ ausgelöst worden war. Da sich niemand um die Beerdigung des Mannes kümmerte, wurde der Leichnam kostenfrei am Zentralfriedhof begraben. Rosalia Plößel versicherte im Zuge der Verhandlung, dass sie ihren Mann keinesfalls hatte töten wollen, und gab an, in Aufregung gewesen zu sein, da sie befürchtet habe, von ihm verlassen zu werden. Man hat sie wegen Totschlags für schuldig befunden und zu drei Jahren schwerem Kerker verurteilt.

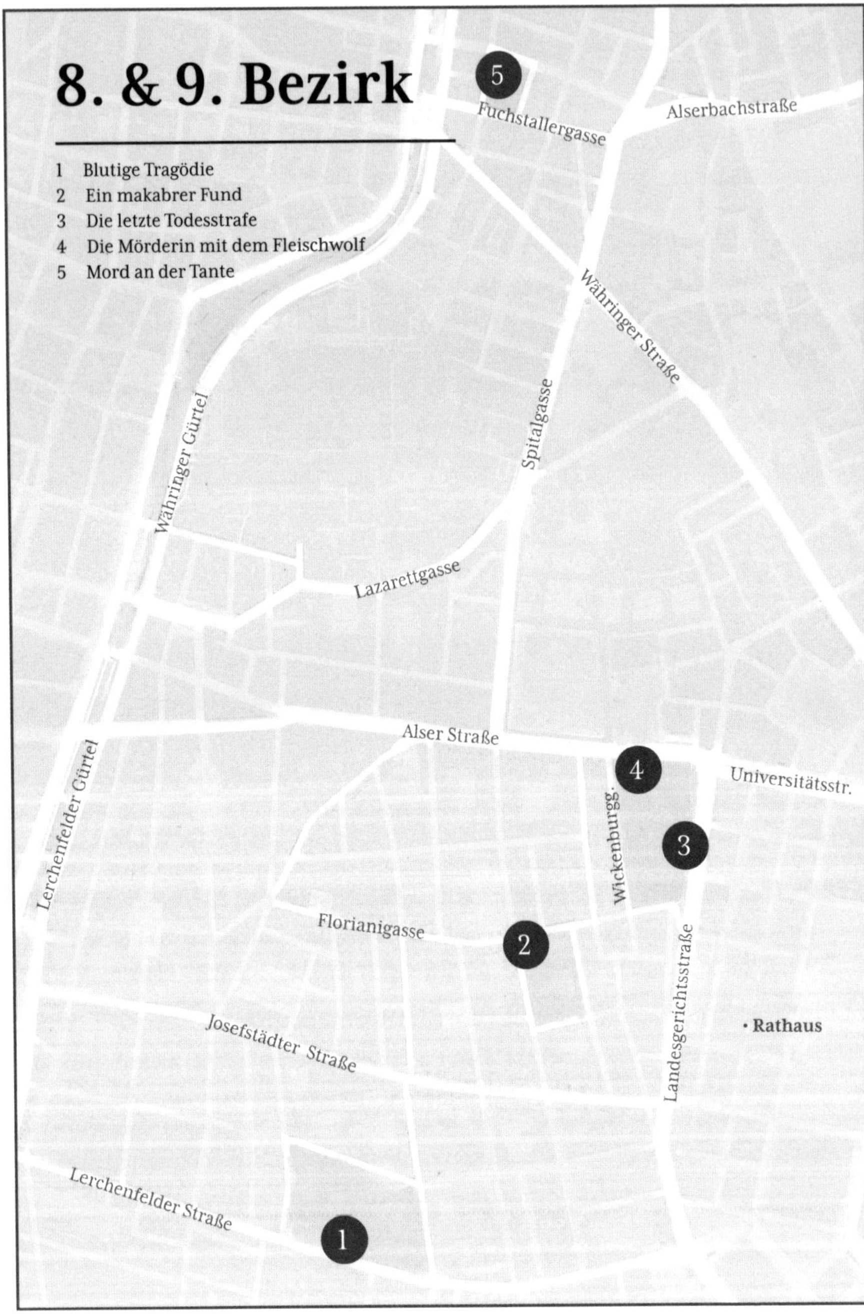
8. & 9. Bezirk
1 Blutige Tragödie
2 Ein makabrer Fund
3 Die letzte Todesstrafe
4 Die Mörderin mit dem Fleischwolf
5 Mord an der Tante
Fuchstallergasse
Alserbachstraße
Währinger Straße
Spitalgasse
Währinger Gürtel
Lazarettgasse
Alser Straße
Universitätsstr.
Wickenburgg.
Lerchenfelder Gürtel
Florianigasse
Landesgerichtsstraße
Rathaus
Josefstädter Straße
Lerchenfelder Straße
5
4
3
2
1

1 BLUTIGE TRAGÖDIE

Traian Grozăvescu war ein rumänischer Opernsänger, der im Februar 1927 in Wien im Alter von 32 Jahren von seiner 30-jährigen Ehefrau Nelly in der gemeinsamen Wohnung in der **Lerchenfelder Straße 62–64** im 8. Wiener Gemeindebezirk Josefstadt ermordet wurde. An seinem früheren Wohnhaus erinnert eine Gedenktafel an Grozăvescu, den einstigen „Prinzen der Wiener Oper".

Steile Karriere

Traian Grozăvescu kam 1895 in Lugoj, im früheren Österreich-Ungarn, als Sohn eines Rumänen und einer Serbin zur Welt. 1919 startete seine musikalische Karriere als Tenor. Vier Jahre später wurde er Solist an der Wiener Volksoper und 1924 an der Wiener Staatsoper, wo er sein Debut als Rudolf in Puccinis Oper *La Bohème* feierte. Außerdem trat der erfolgreiche Startenor in den Opernhäusern von Budapest, Berlin, Prag, Brünn, Salzburg und Oslo auf, vorwiegend in italienischen und französischen Werken.

Kurz bevor der Sänger nach Wien kam, lernte er die Österreicherin Nelly in Rumänien kennen, die damals noch mit einem anderen Mann verheiratet war, mit dem sie ein gemeinsames Kind hatte. Die Frau ließ sich scheiden, heiratete den Opernsänger und bezog mit ihm eine Wohnung in der Lerchenfelder Straße.

Mord aus Eifersucht

Am Abend des 14. Februar 1927 gab Grozăvescu in der Oper *Rigoletto* die Arie „La donna è mobile" zum Besten und ahnte dabei nicht, dass dies seine letzte Darbietung sein würde. Am nächsten Tag sollte er – ohne Ehegattin – nach Berlin zu einem einmonatigen Gastspiel reisen, doch plötzlich verlangte sie, ihn nun doch begleiten zu dürfen. Hinter seinem Rücken hatte sie bereits die Zugfahrkarte erster Klasse ihres Mannes gegen zwei Tickets der zweiten Klasse eingetauscht. Das Ehepaar geriet in einen Streit, dem bereits viele Konflikte vorangegangen waren, da sich die Ehefrau aufgrund der zahlreichen Verehrerinnen des beliebten Sängers sehr eifersüchtig gebärdete. Äußerst ungern ließ sie ihren Mann allein und begleitete ihn regelmäßig ins Theater, wartete hinter den Kulissen oder im Auto auf ihn. In der Öffentlichkeit gaben sich die beiden stets als glückliches Ehepaar, das immer aufeinander Rücksicht nahm und sich über alle Maßen liebte. Doch der Opernsänger soll seine Ehegattin regelmäßig betrogen haben. Öfter täuschte er vor, zu einer Opernprobe zu fahren, doch wenn sie sich dort davon überzeugen wollte, wurde sie eines Besseren belehrt. Einmal erwischte sie ihren Mann sogar in flagranti in ihrer Wohnung mit einer anderen Frau.

Der Streit der beiden im Februar 1927 führte dazu, dass der Mann seiner Frau die Mitfahrt nach Berlin verbot und ihre bereits in den Koffer gepackten Kleidungsstücke wieder entfernte. Es kam zu einem Handgemenge, im Zuge dessen Nelly zum Revolver ihres Mannes griff, den er stets geladen im Schreibtisch seines Arbeitszimmers aufbewahrte, und ihm in den Hinterkopf schoss. Zeugin des blutigen Verbrechens wurde die Schwester des Sängers, Olga Grozăvescu, die oft auf Besuch zu ihrem Bruder kam. Umgehend verständigte sie den Hausarzt, der jedoch nur mehr den Tod des beliebten Operntenors feststellen konnte. Er war aufgrund eines Durchschusses des Kopfes an Ort und Stelle verstorben.

Die Schwester des Ermordeten gab zu Protokoll, dass die Eifersucht ihrer Schwägerin regelmäßig zu Streitereien der Eheleute geführt und diese ihr gegenüber mehrmals geäußert habe, eines Tages ihrem Mann etwas anzutun. Seit sie im Januar desselben Jahres eine Totgeburt erlitten hatte, sei sie noch verzweifelter als zuvor damit beschäftigt gewesen, ihren Gatten auf Schritt und Tritt zu überwachen.

Tragisches Karriereende

Grozăvescu, der gerade erst am Anfang einer vielversprechenden Opernkarriere stand, starb mit nur 32 Jahren. Da der Opernsänger begeisterter Fan des Fußballvereins Rapid gewesen war, legte man im Rahmen des nächsten Fußballspiels eine Trauerminute ein. Am 19. Februar 1927 wurden die Trauerfeierlichkeiten für den verstorbenen Startenor abgehalten. Hunderte von Gästen und Verehrern des Mannes mit der besonderen Stimme versammelten sich zur Einsegnung der Leiche. Der Chor der Staatsoper sang „Ruhe sanft" von Mozart und die Wiener Philharmoniker spielten einen Trauerchoral. Der Leichenzug führte bis zum Opernring, wo er von den Mitgliedern der Staatsoper empfangen wurde. Grozăvescus Leichnam wurde im Anschluss in seine Heimatstadt Lugoj überstellt und dort auch begraben. Nelly Grozăvescu hat man nach der Tat verhaftet, zum Polizeikommissariat Josefstadt gebracht und danach ins Inquisitenspital eingeliefert, wo sie tagelang jegliche Nahrungsaufnahme verweigerte. Auf die Frage nach dem Grund für ihre Tat sagte sie: „Weil er mich so gequält hat."

Der Gerichtsprozess geriet zu einer Sensation, zu dem Karten an die Fans des Startenors ausgegeben wurden wie zu einer Theatervorstellung. Am 25. Juni 1927 sprachen die Geschworenen Nelly Grozăvescu wegen Sinnesverwirrung frei. Im September desselben Jahres veröffentlichte eine Zeitung ihre Memoiren, wo sie über ihre Kindheit, ihre erste Ehe und die Liebe zu einem der bekanntesten Startenöre der Welt erzählte.

2 EIN MAKABRER FUND

Im Jänner 1960 tötete der 26-jährige Johann Rogatsch die 18-jährige Ilse Moschner in seinem Wohnhaus in der **Florianigasse 17** im 8. Wiener Gemeindebezirk Josefstadt. Ihre Leiche zerstückelte der Hausmeister mit einer Axt, kochte einige Teile davon und entsorgte die Knochen daraufhin in einer Mülltonne Ecke Lange Gasse/Florianigasse. Der brutale Lustmord eines Psychopathen ging als besonders kaltblütig in die heimische Kriminalgeschichte ein. An der Stelle des früheren Wohnhauses befindet sich heute ein Restaurant.

Hausmeister als Hauptverdächtiger

Am 11. Jänner 1960 wurde in einem Abfalleimer an der Ecke Lange Gasse/Florianigasse ein grausiger Fund gemacht. Eine Pensionistin entdeckte in Papier eingeschlagene Knochen und nahm diese an sich, im Glauben, es handle sich dabei um die Überreste eines Rindes. Der Hund ihrer Freundin, einer Altwarenhändlerin mit einem Lagerplatz in Ottakring, sollte die vermeintlichen Leckereien erhalten. Die Kollegen der Seniorin erkannten in dem Fund allerdings menschliche Körperteile und verständigten die Polizei, die ihren Verdacht bestätigte. Es handelte sich um Ober- und Unterschenkel einer jungen Frau, die zunächst mit einer Säge und dann mit einer Axt zerstückelt worden waren. Im Zuge der Nachforschungen suchte die Polizei nach weiteren Beweisstücken in der Umgebung, wo sie im Hof des Hauses in der Florianigasse 17 fündig wurde. Sie entdeckte eine Säge im Keller sowie Fleischreste und Blutspuren in der Waschküche. Außerdem gab es Hinweise darauf, dass der Mörder einzelne Leichenteile gekocht und verbrannt hatte.

Schnell galt der 26-jährige Johann Rogatsch als Hauptverdächtiger, da er als Hausmeister am Fundort als Einziger Zugang zu den Kellerabteilen hatte und bei der Befragung der Hausbewohner die Polizei gezielt von den Fundstellen abzulenken versuchte. Zunächst vermutete man, bei der Leiche könnte es sich um seine Lebensgefährtin Paula Böhm handeln, die man seit drei Tagen nicht mehr gesehen hatte. Doch Böhm befand sich bei ihrer Familie in Niederösterreich. Bei dem Opfer handelte es sich um die 18-jährige Ilse Moschner aus Ottakring, wohnhaft am Lerchenfelder Gürtel 23, die bereits seit drei Tagen vermisst wurde. Moschner, eigentlich Sportstudentin, war aushilfsweise als Inkassantin bei einer Versicherungsgesellschaft tätig gewesen und am 8. Jänner von der Arbeit nicht mehr nach Hause zurückgekehrt.

Früherer Mord als Vorbild

Opfer und Täter kannten sich, da Ilse Moschner schon zweimal die Versicherungsprämie von Rogatschs Lebensgefährtin kassiert hatte. Dieser war kein unbeschriebenes Blatt und hatte bereits eine Historie im Gefängnis wegen Einbruchs, Körperverletzung und Notzucht (Vergewaltigung) aufzuweisen. Schon als Kind soll er boshaft und diebisch gewesen sein und sein Faible für Tierquälereien ausgelebt haben. Er war als Frauenhasser mit sadistischen Fantasien bekannt und auch seiner Lebensgefährtin gegenüber regelmäßig gewalttätig. Immer wieder behauptete er, am liebsten seine Mutter zerstückeln zu wollen. Zusätzlich angeheizt wurden seine Fantasien von der Erzählung eines Freundes über einen vor 40 Jahren verübten Mord. Damals war ein Mädchen durch einen Genickschlag getötet und daraufhin in der Waschküche in ihre Einzelteile zerlegt und verbrannt worden.

Rogatsch gestand bei der Vernehmung den Mord an Ilse Moschner, gab jedoch nur zu, was ihm auch nachgewiesen werden konnte. Er sagte zunächst aus, sie versehentlich mit einem Schlag getötet zu haben, da sie ihn zuvor beleidigt habe, was ein Gerichtsmediziner jedoch widerlegte, da die Verletzungen an Moschners Kopf eindeutig auf einen spitzen Gegenstand zurückzuführen waren. Eine seiner weiteren Versionen lautete, die junge Frau in alkoholisiertem Zustand misshandelt zu haben, was bei ihr zu einem plötzlichen Herzversagen geführt habe.

Lustmord eines Psychopathen

In Wirklichkeit dürfte das Verbrechen so abgelaufen sein: Moschner wollte der Lebensgefährtin des Mannes einen Besuch abstatten, um die Versicherungsprämie abzuholen. Da Paula Böhm jedoch nicht anwesend war, sondern sich mit ihrem Sohn in Langenlois aufhielt, wollte Rogatsch die Summe begleichen. Während die Frau den Geldschein wechselte, näherte er sich ihr unsittlich, wurde aber zurückgewiesen. Nun schlug er ihr ins Genick und weiters mit einer Kurbelwelle auf den Kopf. Daraufhin stach er so lange mit einem Messer auf sein Opfer ein, bis es schließlich verblutete. Anschließend hat Rogatsch die Leiche zerstückelt. Außerdem beraubte er sie um die Versicherungssumme, die sie an jenem Tag mit sich führte. Er bemühte sich, den Tatort so gut wie möglich zu säubern und von Blutspuren zu befreien, und versteckte die Tote vorerst unter einem Trog in der Waschküche.

Rogatsch plädierte im Zuge des Prozesses zunächst auf nicht schuldig, da er angeblich zu einem Geständnis gezwungen worden war. Aussagen der Beamten und der Lebensgefährtin des Mörders belegten allerdings, dass der Mann die brutale Tat bereits länger geplant hatte. Im Zuge eines Gutachtens ergab sich das Bild eines egozentrischen, aggressiven Psychopathen. Er wurde wegen meuchlerischen Raubmordes, Leichenschändung und Verleumdung angeklagt und zu einer lebenslangen Freiheitsstrafe verurteilt. Nachdem er Berufung einlegte, kam er in die Justizanstalt Stein. Dort war der brutale Mörder als Unruhestifter und als gefährlich bekannt und deswegen im Sondersicherheitsblock untergebracht. Am 15. Jänner 1974 wurde er schließlich vom Mithäftling Ernst Karl, einem Doppelmörder und ehemaligen Polizisten, mit bloßen Händen erwürgt. Angeblich hatte Rogatsch von ihm verlangt, bei einer Geiselnahme und einem Haftausbruch zu helfen, und ihn attackiert, als Karl nicht parierte. Das Kriminalmuseum Wien (siehe Seite 45 „Ort der Verbrechen“) hat die Tatwerkzeuge des grausamen Verbrechens an Ilse Moschner ausgestellt.

3 DIE LETZTE TODESSTRAFE

Das Landesgericht für Strafsachen Wien befindet sich in der **Landesgerichtsstraße 11** im 8. Wiener Gemeindebezirk Josefstadt und beherbergt als größtes ordentliches Gericht Österreichs auch ein Gefangenenhaus, die Justizanstalt Wien Josefstadt. Umgangssprachlich wird das Gebäude als „Graues Haus" bezeichnet.

Hinrichtungen wurden ab 1873 nicht mehr an öffentlichen Plätzen veranstaltet und stattdessen in den in der Landesgerichtsstraße angesiedelten Galgenhof verlegt, wo 1876 die erste Exekution stattfand. Ab 1933 ließ man in Osterreich die Todesstrafe bei Mord wieder zu, die Hinrichtung erfolgte neuerlich am Galgen, der seit 1918 nicht mehr zum Einsatz gekommen war. Nach der Zusammenlegung mit dem Handelsgericht, dem Jugendgerichtshof und dem Landesgericht für Zivilrechtssachen starben zwischen 1938 und 1945 insgesamt 1184 Menschen im Hof der Landesgerichtsstraße 11. Am 1. Juli 1950 wurde die Todesstrafe abgeschafft, was ab dem 7. Februar 1968 offiziell auch im Militärstrafrecht galt. Seit 1967 befindet sich am Ort der Hinrichtungen eine Gedenkstätte.

Johann Trnka war ein österreichischer Frauenmörder, der in die Geschichte als letzte zum Tod verurteilte Person einging. Im März 1950 wurde der 38-Jährige im Grauen Haus hingerichtet, da er vier Jahre zuvor zwei Frauen mit einer Hacke erschlagen und anschließend beraubt hatte.

Doppelmord in der Josefstadt und am Alsergrund

Um ältere Damen auszurauben und im Anschluss zu ermorden, stellte sich Johann Trnka bei ihnen als Maler vor und verschaffte sich so Zutritt zu ihren Wohnungen. Am 9. April 1946 fand Heinrich Koller in seinem Zuhause in der Albertgasse 55 im 8. Wiener Gemeindebezirk Josefstadt die Leiche seiner Mutter auf. Die 51-jährige Hermine Koller lag in einer Blutlache in der Küche und musste Opfer eines Raubmordes geworden sein, da Ring, Bargeld und Lebensmittelmarken fehlten. Am Tatort zurückgeblieben waren eine blutverschmierte Axt sowie ein Radiogerät, die der Täter mitzunehmen geplant, dann aber zurückgelassen hatte. Nur acht Tage später wiederholte sich eine ähnliche schreckliche Tat, und eine weitere

Frauenleiche wurde dieses Mal in der Wohnung von Dr. Wilhelm Partisch in der Nussdorferstraße 61 im 9. Wiener Gemeindebezirk Alsergrund entdeckt. Es handelte sich um die Hausgehilfin Marie Bogner, der man den Kopf mit einem stumpfen Gegenstand zertrümmert und diverse Gegenstände wie ein Radiogerät gestohlen hatte.

Schnell war klar, dass es sich bei beiden Morden um den gleichen Täter handelte, da die Fingerabdrücke übereinstimmten. Die Bevölkerung wurde darüber in Kenntnis gesetzt, die Polizei zu alarmieren, sollte das fehlende Radiogerät – damals Mangelware – im Schwarzhandel angeboten werden, was letztendlich zur Überführung des Täters führte. Ein Herr hatte das Teil, das Partisch eindeutig als sein Eigentum identifizierte, um 2.000 Schilling erworben. Beim Verkäufer des Apparates handelte es sich um den 34-jährigen Johann Trnka, einen Malergehilfen, der in der Großen Stadtgutgasse 13 im 2. Wiener Gemeindebezirk Leopoldstadt lebte. In dessen Wohnung stellte die Polizei Besitztümer beider Mordopfer sicher, doch von dem Täter selbst fehlte jede Spur.

Erst drei Jahre später wurde der mutmaßliche Mörder in Peuerbach in Oberösterreich aufgespürt, nachdem er Kontakt zur Malerinnung in Wien aufgenommen hatte, um an seinem neuen Wohnort ein Geschäft zu übernehmen. Außerdem meldete sich eine Frau bei Trnkas Mutter, um sich nach deren Sohn zu erkundigen, den sie demnächst zu ehelichen plante.

Nachdem die Polizei die Suche nach ihm eingeleitet hatte, war Trnka einige Zeit bei einem Freund untergekommen und dann nach St. Valentin geflohen. Dort hatte er zunächst eine Stelle bei einem Bauern angenommen und anschließend bei einem Malermeister in Linz angeheuert. Zuletzt war er in Peuerbach gelandet, wo er eine Frau kennenlernte. Überall wurde er als anständig, nett und äußerst fleißig beschrieben. In einem Dokument hatte er seinen Namen auf Truka geändert, wofür er sogar eine Identitätskarte erhalten hatte. Seine Geliebte hatte jedoch herausgefunden, wie der Mann wirklich hieß, und war stutzig geworden.

Der letzte gehenkte Verbrecher

Trnka gestand im Verhör nach seiner Festnahme, beide Frauen mit einer Hacke von hinten erschlagen zu haben, da er nach eigenen Aussagen zu feig gewesen sei, den Opfern dabei ins Gesicht zu sehen. Einige Male hatte er seinen geplanten Überfall abblasen müssen, weil etwas Unvorhergesehenes geschehen oder ein Polizist in der Gegend unterwegs gewesen war. Da er sich seinen Unterhalt in Wien als Maler und Anstreicher verdiente, hatte er Zugang zu fremden Wohnungen erhalten, in welchen er ein Gefühl dafür bekam, was man dort mitgehen lassen konnte. Es gab mehr als genug Frauen, die allein lebten und sich für den brutalen Mörder als perfekte Opfer eigneten. Als Motiv nannte er seine angebliche finanzielle Notlage.

Der Staatsanwalt beschrieb Trnka als „reißende Bestie", die mit besonderer Brutalität vorgegangen und, wie Zeitungen berichteten, „vom Geldwahn besessen" war. Am 14. Dezember 1949 wurde er wegen zweifachen Raubmordes und siebenfachen versuchten Raubmordes angeklagt und im Zuge eines Prozesses als in der Nachkriegszeit 31. Person zum Tod verurteilt. Am 24. März 1950 fand am Würgegalgen in der Hinrichtungsstätte des Grauen Hauses seine Exekution statt. Somit war er der letzte Verbrecher, an dem die Todesstrafe vollzogen wurde.

Der Würgegalgen war seit dem 17. Jahrhundert im Einsatz und kam in Österreich zwischen 1870 und 1950 häufig zur Anwendung. Der Wiener Henker Josef Lang entwickelte eine besondere Methode, die keine langen Qualen verursachte, sondern seiner Meinung nach sogar „angenehme Gefühle" auslöste. Eine kurze, eingeseifte Doppelschnur aus Hanf hatte eine sofortige Unterbrechung der Blutzufuhr zur Folge, die rasch Bewusstlosigkeit und Tod nach sich zog.

Landesgericht für Strafsachen in der Landesgerichtsstraße 11

4 DIE MÖRDERIN MIT DEM FLEISCHWOLF

Adrienne Eckhardt ging als „Mörderin mit dem Fleischwolf" in die Geschichte ein. In einer trüben Novembernacht des Jahres 1952 tötete sie den 44-jährigen Hans Arthold, Besitzer eines Lebensmittelgeschäftes, in der **Alser Straße 7** im 9. Wiener Gemeindebezirk Alsergrund. Obwohl der Verdacht rasch auf die 23-jährige Dame mit dem Engelsgesicht fiel, traute ihr dieses grausame Verbrechen zunächst niemand zu. Die Alser Straße 7 befindet sich direkt neben dem Landesgericht für Strafsachen Wien (siehe Seite 108 „Die letzte Todesstrafe").

Der Fall des Schokoladenkönigs

Adrienne Eckhardt, geboren 1929, war eine gelernte Krankenpflegerin und betätigte sich als Animierdame im *Café Filmhof* in der Neubaugasse im 7. Wiener Gemeindebezirk Neubau. Bereits als Kind hatte sie den Einzelhandelsunternehmer Hans Arthold kennengelernt, der in der Schottenfeldgasse wohnte und am Alsergrund seinen legendären Delikatessenladen betrieb, in dem der Lokalprominente Nahrungsmittel zu Dumpingpreisen anbot. Besonders seine Schokolade, Mangelware in den 1950er-Jahren, war heiß begehrt bei Jung und Alt und bescherte dem beliebten Händler hohe Umsätze. Der „Cadbury-König" genoss sein süßes Leben und leistete sich nicht nur ein Luxusauto, sondern auch einen Rennstall, einen eigenen Diener und die eine oder andere Animierdame. Bald kopierte jedoch die Greißlereiorganisation des USIA-Konzerns seine Verkaufsmethoden, was den Geschäftsmann überflüssig machte, der schnell hohe Schulden anhaufte und Besitztümer loswerden musste. Daran, Geld für die Saure-Gurken-Zeit zurückzulegen, hatte der ausschweifend lebende Arthold nie gedacht.

Am Abend des 22. November stattete Arthold mit einer Frau dem Heurigen *Maly* in Grinzing einen Besuch ab. Im Anschluss nahmen die beiden die Straßenbahnlinie 38, um in sein Geschäft in die Alser Straße zu fahren, wo er einem Gast ein Glas Bier servierte. Kurz darauf wurde Hans Arthold brutal ermordet. Ein patrouillierender Nachtwächter bemerkte den offenen Rollbalken, betrat den Laden und fand den leblosen Körper des Besitzers am Boden liegend vor. Sein Schädel war zertrümmert und die Kehle mit einem Messer durchschnitten worden.

Die Junge an Artholds Seite

Konnte es dem Täter etwa um Geld gegangen sein? Für den kommenden Tag hatte das Opfer nämlich geplant, bei einem Gläubiger eine höhere Schadenssumme zu begleichen.

Bald wurde Adrienne Eckhardts Name ins Spiel gebracht, da sich eine aufmerksame Straßenbahnschaffnerin gut an Artholds junge Begleitung, gekleidet in einer braunen Pelzjacke, erinnerte. Die betreffende Frau konnte ausgeforscht werden und es stellte sich heraus, dass sie ein Kleidungsstück dieser Art besaß. Sowohl ihre Jacke als auch die Schuhe wiesen Blutflecken auf, was zu einer umgehenden Verhaftung von „Adi" führte, wie sie im Animiercafé gerufen wurde. Die 23-Jährige gab zwar zu, an jenem Abend mit Arthold unterwegs gewesen zu sein, behauptete aber, das Reich des Schokoladenkönigs verlassen zu haben, als der noch am Leben war. Erst einige Tage später berichtete sie von einem unbekannten Mann, der die schreckliche Tat begangen habe.

Während eines gemeinsamen Biers habe der Fremde angeblich an die Lokaltür geklopft und Arthold mit den Worten „Servus, alter Gauner" begrüßt. Im Zuge eines Gesprächs mit dem Herrn sei ein offener Geldbetrag zur Sprache gekommen, den der Fremde zurückverlangt habe. Völlig unvermittelt habe der Eindringling den Ladenbesitzer laut Eckhardts Aussage dann mit einem Messer attackiert und sie selbst gezwungen, still zu sein und ihm bei seiner Tat zu assistieren. Da sie bereits über eine Vorstrafe verfügte, habe sie zunächst den Vorfall aus Angst verschwiegen. Die Behörden hielten jene stimmige Version für glaubwürdig, da man der jungen Eckhardt kaum eine so grausame Tat, die noch dazu ganzen Körpereinsatz erfordert hätte, zutraute. Den angeblichen Täter wusste die Zeugin genau zu beschreiben: Er soll einen Dufflecoat, ein damals topmodernes Kleidungsstück, das der Öffentlichkeit seit dem Filmhit *Der Dritte Mann* bekannt war, getragen haben. Auf jede Frage hielt sie eine geschickte Antwort parat, und nichts schien sie aus der Fassung zu bringen, bis sie schließlich auf eine Fangfrage hereinfiel und sich verriet. Der Leiter der Mordkommission wollte nämlich wissen, ob sie das Licht abgedreht hatte, als sie den Ort des Verbrechens verließ. Eckhardt bejahte, doch der

Täter wäre demnach in völliger Dunkelheit zurückgeblieben. Für die Polizei ein Beweis dafür, dass sie log.

Großes Medienaufkommen und spektakulärer Prozess

Unbekannt war bis zu jenem Zeitpunkt, dass auch Eckhardt über Geldsorgen zu klagen hatte und mit ihrem im *Filmhof* verdienten Geld kaum über die Runden kam. Just am Tag nach dem Mord konnte sie sich aber ein neues Futter für ihren Mantel sowie einen großen Lebensmittelvorrat leisten. Zudem wurden zahlreiche Produkte aus Artholds Geschäft in ihrer Wohnung gefunden. Bald darauf gestand sie, das brutale Gewaltverbrechen allein begangen zu haben. Als Mordwaffe war ein Fleischwolf zum Einsatz gekommen, den sie sich zuvor von ihrer Vermieterin ausgeliehen und nach der Tat wieder in deren Wohnung deponiert hatte. Um sicherzugehen, dass der Lebensmittelhändler auch wirklich tot war, hatte sie ihm mit einem Messer zusätzlich die Kehle durchgeschnitten. Als Motiv für ihre Tat gab sie an, dass Arthold abartige sexuelle Handlungen von ihr verlangt habe, wofür sie sich rächen wollte.

Dass in jenem kaltblütigen Mordfall eine so junge Frau im Zentrum der Aufmerksamkeit stand, verblüffte die gesamte Medienwelt. Während sich einige angewidert von der abgebrühten Verbrecherin zeigten, hegten andere große Sympathien für die hübsche 23-Jährige, die es perfekt verstand, ihr unschuldiges Engelsgesicht in Szene zu setzen. Die Mörderin mit dem Fleischwolf erhielt eine lebenslange Freiheitsstrafe, verließ das Gefängnis 14 Jahre später allerdings im Rahmen einer Weihnachtsamnestie vorzeitig. Unter neuem Namen siedelte sie sich in einem anderen Bundesland an. Die Mordwaffe ist im Wiener Kriminalmuseum (siehe Seite 45 „Ort der Verbrechen“) zu besichtigen.

5 MORD AN DER TANTE

Hermine Hug-Hellmuth war eine anerkannte Pionierin der Kinderpsychoanalyse, pädagogische Schriftstellerin und Heilpädagogin, die laufenden Kontakt zu Sigmund Freud in dessen Wohnung und Praxis in der Berggasse 19 pflegte. Im September 1924 wurde die 53-Jährige in ihrer Wohnung in der **Lustkandlgasse 10** im 9. Wiener Gemeindebezirk Alsergrund erwürgt von ihrem Neffen Rudolf Otto Hug aufgefunden.

Im Clinch mit dem Neffen

Hermine Hug-Hellmuth, Tochter eines ehemaligen Hauptmannes, war ledig und lebte sehr zurückgezogen. In Wien hatte sie den philosophischen Doktorgrad erlangt und sich intensiv mit wissenschaftlichen Forschungen auseinandergesetzt. Sie arbeitete als städtische Lehrerin, die nach ihrer Pensionierung den psychoanalytischen Forschungen verfiel. Als Schülerin von Dr. Sigmund Freud wandte sie die Psychoanalyse höchst erfolgreich bei der Kindererziehung an und hielt im Zuge dessen gut besuchte Kurse und Vorträge ab. Zudem veröffentlichte sie das *Tagebuch eines halbwüchsigen Mädchens*, in dem sie ihre eigenen Erfahrungen verarbeitete. Hug-Hellmuth hatte einen Neffen namens Rudolf Otto Hug, Rolf genannt, dessen Mutter 1915 verschied, als er gerade neun Jahre alt war. Rolf kam auf Wunsch der Verstorbenen zu einer Familie nach Krems, wo er Volksschule und Realschule besuchte. Nach Jahren der Rebellion des Jungen nahm die Tante ihn mit 13 Jahren schließlich zu Hause bei sich in der Lustkandlgasse in ihrer Wohnung im Hochparterre auf. Sie ließ ihm regelmäßig hohe Geldbeträge zukommen, er verprasste diese allerdings schnell wieder. Und so kam es, dass Hug-Hellmuth ihren Neffen eines Tages aus der Wohnung warf.

Angeberei vor Freunden

In der Nacht vom 8. auf den 9. September 1924 wurde Hermine Hug-Hellmuth erdrosselt, nachdem jemand in ihre Wohnung eingedrungen war, um sie auszurauben. Der Täter stieg in ihr Schlafzimmer ein, wobei die Frau erwachte und ihn ertappte. Daraufhin erdrosselte er sie, drapierte sie im Anschluss auf ihrem Sofa, platzierte ein Kissen unter ihrem Kopf und deckte sie zu, als würde sie schlafen.

Umgehend fiel der Verdacht auf ihren mittlerweile 18-jährigen Neffen, da er in Anwesenheit dritter Personen ihr gegenüber wiederholt Drohungen ausgesprochen hatte. Am nächsten Tag wurde Hug in Mürzzuschlag verhaftet, wo er mit seiner Freundin wohnte. Seine Aussage machte der junge Mann ausnehmend ruhig und gefasst. Er sei ohne Tötungsabsicht einzig zum Zwecke, ihr Geld zu entwenden, in die Wohnung seiner Tante eingedrungen. Doch als diese zu schreien begann, wusste er keinen anderen Ausweg mehr, würgte sie am Hals und presste ihr ein Taschentuch wie einen Knebel in den Mund. Beide stürzten zu Boden, doch er ließ nicht vom Hals seiner Tante ab, bis sie schließlich bewusstlos wurde. Anschließend stahl er einen größeren Geldbetrag und eine Uhr. Sein Plan, auch ihren Schmuck an sich zu nehmen, scheiterte, da er dazu ihren Schreibtisch aufsprengen hätte müssen, und aufgrund des entstandenen Lärms wären vermutlich die Nachbarn aufgewacht. Zusätzlich zu seinen Plänen, an Geld heranzukommen, war es Rolf auch um sein Renommee gegangen, da ihm seine Freunde einen Einbruch hoch angerechnet hätten.

Laufende Vorahnungen

Was Rudolf Otto Hug nicht wusste: Kurz zuvor hatte die 53-Jährige ihr Testament verfasst und ihren Neffen als Universalerben eingesetzt. Laufend war Hug-Hellmuth nämlich von Angstzuständen geplagt und von der Vorahnung nicht losgelassen worden, die Gewaltexzesse des Jungen würden irgendwann ein tragisches Ende finden. Laut eines Zeugen im Zuge der Verhandlung hatte die Ermordete schon lange geahnt, dass ihr gewaltbereiter Neffe zu allem fähig war. „In bin in dieser Todesfurcht, dass über mich etwas hereinbrechen könnte, dergegenüber ich vollkommen ohnmächtig bin", soll sie geäußert haben.

Rudolf Otto Hug, der nach wie vor beteuerte, seine Tante nicht ermordet wollen zu haben, hatte schon früher ihren Tod ersehnt. „Wenn die Tante nur einmal sterben möchte, damit ich die Erbschaft und die Wohnung bekomme", hatte er zu einem Zeugen gesagt. Er wurde zu zwölf Jahren schwerem Kerker verurteilt. „Psychoanalyse tagaus tagein richtet einen Menschen zugrunde", behauptete er.

11. Bezirk

1 Schaurig schöner Friedhof

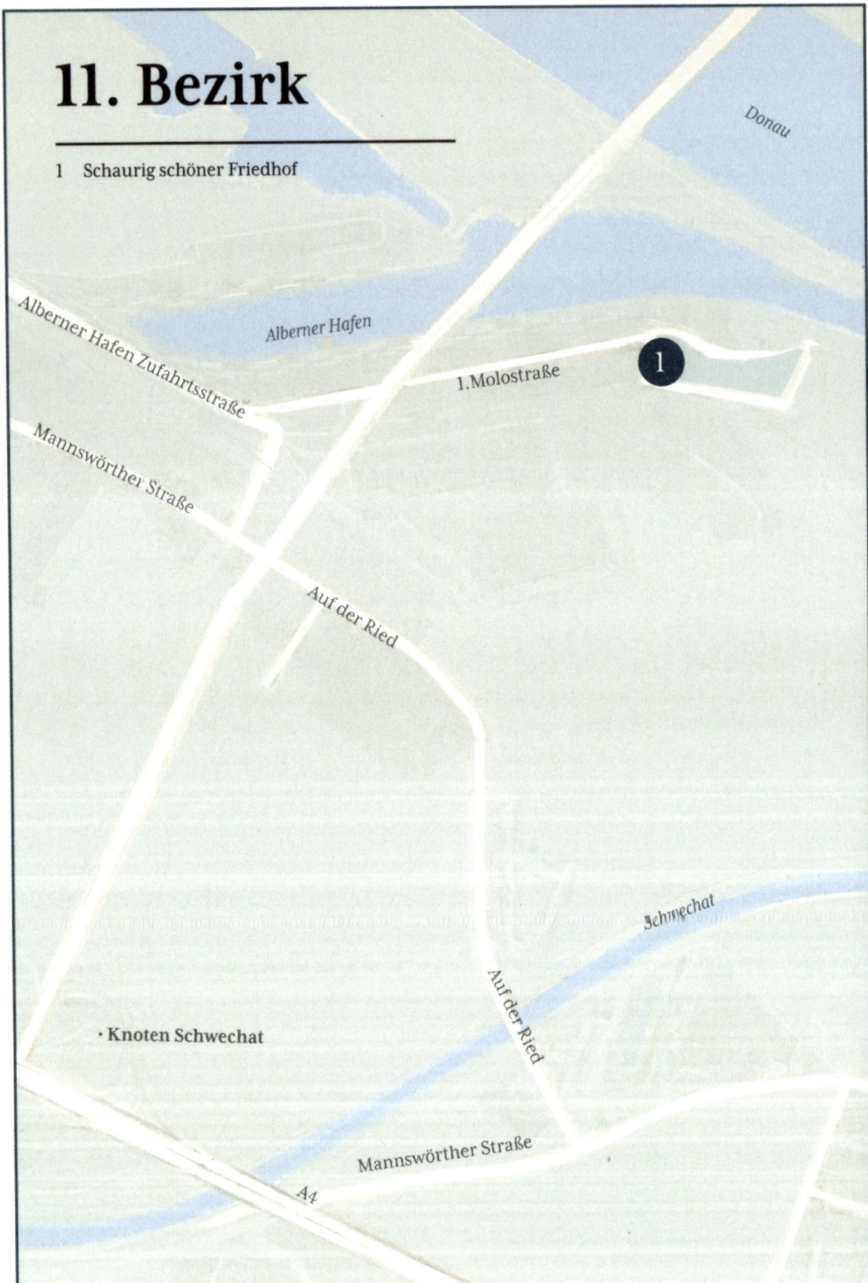

1 SCHAURIG SCHÖNER FRIEDHOF

Der „Friedhof der Namenlosen" befindet sich beim **Alberner Hafen** im 11. Wiener Gemeindebezirk Simmering und bietet ein besonderes Stück Stadtgeschichte. Unbekannte Menschen, die dort zwischen 1840 und 1940 von der Donau angeschwemmt wurden, sind auf dem kleinsten Friedhof der Stadt begraben, der damit weltweit die einzige Begräbnisstätte ausschließlich für Tote aus einem Fluss ist. Bei den meisten Verstorbenen, an die mit schmiedeeisernen Kreuzen erinnert wird, ist die Todesursache unbekannt, reicht aber von Mord bis zu Unfall und Selbstmord. Von einigen Personen konnten nach dem Tod die Namen ermittelt werden, die Identität anderer wird für immer ein Geheimnis bleiben.

Besichtigung des zweiten Teils

Die Geschichte des Friedhofs begann im Jahre 1840, als dort die erste aus der Donau angeschwemmte Wasserleiche beigesetzt wurde. An dieser Stelle staute sich aufgrund eines Wasserwirbels Treibgut, unter dem sich manchmal auch ein Ertrunkener befand, dessen Identifizierung oft nicht möglich war. Da es sich bei den sterblichen Überresten des Öfteren um Selbstmörder handelte, blieben Zeremonien aus. Und so entstand der Friedhof der Namenlosen, auf dem zwischen 1840 und 1900 insgesamt 478 Leichen ohne Aufsehen in Holzsärgen bestattet wurden. Da der Fluss diesen älteren Teil des Gottesackers bei Hochwasser oft überschwemmte, errichtete man auf einem Waldstück hinter dem Schutzdamm im Jahr 1900 einen zweiten Friedhof, der bis heute zur Besichtigung offen steht. Auf diesem neuen Teil fanden zwischen 1900 und 1940 alles in allem 104 Wasserleichen ihre letzte Ruhestätte, wovon 43 identifiziert werden konnten. In die übrigen Grabkreuze ist der Vermerk „unbekannt" eingraviert. 1935 bekam der Friedhof eine Umfassungsmauer und eine Auferstehungskapelle.

Mordopfer unter den Toten

Der Friedhof der Namenlosen birgt ein Sammelsurium an mystischen Geschichten, ist aber auch ein Platz, an dem zahlreiche Einzelschicksale zusammenkommen, welchen allesamt eine eigene Tragik zugrunde liegt.

Die hier beigesetzten Menschen starben aus Unachtsamkeit, durch Gewalt oder aus Kummer, viele mussten qualvoll ertrinken.

Während auf den meisten Schildern die Vermerke „namenlos", „unbekannt", „männlich" oder „weiblich" sowie eventuell ein Datum zu finden sind, enthüllen einige wenige etwas präzisere Fakten, welche die Geschichte der oder des Betroffenen zum Leben erwecken.

Eines der bekanntesten Einzelschicksale, das in der Donau besiegelt wurde, trägt den Namen „Sepperl". Dabei handelte es sich um die Leiche eines Neugeborenen, die in einem durchweichten Schuhkarton am Donauufer angeschwemmt wurde. Josef Fuchs, der sich 64 Jahre lang um den Friedhof der Namenlosen kümmerte, fand das Baby als 14-Jähriger und nannte das jüngste Opfer der Totengemeinschaft „Sepperl". Im Gegensatz zu den anderen Grabsteinen ist seiner besonders prunkvoll und auffällig verziert.

Eine ähnlich große Aufmerksamkeit zieht das Grab von Wilhelm Töhn auf sich. „Ertrunken durch fremde Hand am 1. Juni 1904 im 11. Lebensjahr" steht auf einer einfachen schwarzen Tafel.

Vor allem diese beiden Opfer des Flusses stimmen besonders traurig und regen die Fantasie der Friedhofsbesucher an. Immer wieder berichten Besucher, zwischen den Gräbern eine Kinderstimme oder das Weinen eines Säuglings zu hören sowie einen kleinen Jungen zwischen den Bäumen zu sehen. Solch unheimliche Begegnungen sind laut Volksmund normal, denn bis die Seelen der Kinder erlöst sind, streifen sie umher und können von Menschen wahrgenommen werden.

Schöne Tradition

Nach der Errichtung des Alberner Hafens und der Getreidesilos 1939 und einer damit verbundenen Änderung der Strömungsverhältnisse trieben dort kaum mehr Leichen ans Ufer. Der letzte dokumentierte Fall geht auf eine verstorbene Frau im November 2004 zurück. Seit 1940 werden unbekannte Tote auf dem Wiener Zentralfriedhof beigesetzt.

Der stillgelegte Friedhof der Namenlosen wird heute vom Hafen Wien sowie der Stadt Wien erhalten und kann jederzeit besucht werden. Jährlich findet dort am ersten Sonntag nach Allerheiligen eine Gedenkfeier des Fischervereins Albern statt, im Zuge dessen ein mit Kränzen, Blumen und brennenden Kerzen geschmücktes Floß auf die Donau gesetzt wird. Ein symbolischer Grabstein trägt die Inschrift „Den Opfern der Donau". Die zusätzliche Bitte, die der Holzkonstruktion mitgegeben wird, ist in den Sprachen Deutsch, Tschechisch und Ungarisch verfasst – diese lautet, man möge das Floß weiterstoßen, wenn es am Ufer hängen bleibt.

Der Friedhof der Namenlosen

13. Bezirk

1 Blondes Gift
2 Der erstochene Pfründner
3 Mord im Lainzer Tiergarten

1 BLONDES GIFT

Martha Marek war eine Serienmörderin, die aufgrund der Giftmorde an ihren Familienmitgliedern sowie zahlreicher Versicherungsbetrügereien Kriminalgeschichte schrieb und medial für hohe Aufmerksamkeit sorgte. Bei der geldgierigen Wienerin, die in einer Jahrhundertwende-Villa in der **Kupelwiesergasse 27** im 13. Wiener Gemeindebezirk Hietzing lebte, handelte es sich um die erste Frau, die im 20. Jahrhundert zum Tod verurteilt wurde. An ihrer Wohnadresse befindet sich heute ein Schönheitszentrum.

Zufällige Begegnung mit Folgen

Karolina Löwenstein, Martha genannt, kam 1897 in Wien zur Welt. Da sich der Vater nach Amerika verabschiedete, war die Mutter mit dem Mädchen und seiner Schwester auf sich gestellt und siedelte sich im Kahlenbergdörfl zwischen Wien und Klosterneuburg an. Mit zwölf Jahren lernte Martha in der Straßenbahn den 50 Jahre älteren Pensionisten Moritz Fritsch kennen, der von ihrer frühreifen Schönheit überwältigt war und ihrem Charme vollkommen erlag. Die Mutter des Mädchens witterte die Chance ihres Lebens, unterstellte dem Mann Vergewaltigung einer Minderjährigen und erpresste den Alten, damit an die Öffentlichkeit zu gehen. Die beiden einigten sich darauf, dass er Martha zur Universalerbin seiner Villa in Mödling sowie all seiner Habseligkeiten, seines Bargelds und Schmucks einsetzte.

Im Alter von nur 26 Jahren erbte Martha den Besitz des Mödlinger Pensionisten. Kurz darauf ehelichte sie den um fünf Jahre jüngeren Studenten Emil Marek, mit dem sie die Barschaft innerhalb kurzer Zeit verprasste. Da Martha wenig davon hielt, auf ehrliche Art und Weise Geld zu verdienen, dachte sie sich rasch eine nächste Finte aus, um ihre Finanzen aufzubessern. Ihr Mann Emil spielte das Opfer eines Haushaltsunfalles, das sich angeblich beim Holzhacken seinen linken Unterschenkel abgetrennt hatte. Just am Tag zuvor war Martha bei einer Versicherungsgesellschaft erschienen, um eine hohe Lebens- und Unfallversicherung abzuschließen. Dem Unternehmen kam dieser Zufall seltsam vor, und es verweigerte die

Auszahlung der Geldsumme. Es kam zum Prozess, in dem aufgrund der Hackspuren nachgewiesen werden konnte, dass es sich bei Emils Verletzung um Selbstverstümmelung handelte. Doch Versicherungen genossen damals schon kein hohes Ansehen, was sich die hübsche, blond gelockte Martha Marek zunutze machte. Sie inszenierte sich als das perfekte Opfer, woraufhin der öffentliche Druck auf die Behörden und das Versicherungsunternehmen stieg, was letztlich einen Freispruch des Paares und die Auszahlung der Versicherungssumme zur Folge hatte. Da Martha, die nie etwas dem Zufall überlassen wollte, jedoch bereits vor dem Urteil der Versuchung erlegen war, vorab den Gerichtsmediziner zu bestechen, landete sie 1927 dennoch im Gefängnis und musste eine kurze Freiheitsstrafe verbüßen.

Giftige Zellengenossin

Der Aufenthalt hinter Gittern sollte das Leben der durchtriebenen jungen Frau für immer verändern. Sie lernte dort Leopoldine Lichtenstein kennen, die ihren Mann mit dem Rattengift Zelio, damals frei erhältlich, vergiftet hatte und ihrer neuen Freundin offen über ihre Tat berichtete. Martha war ganz angetan von der Möglichkeit eines Giftmordes, um auf diese Weise weiter an Geld heranzukommen, unternahm aber nach ihrer Haftentlassung vorerst nichts in der Richtung. Zu jenem Zeitpunkt hatten die Mareks bereits zwei Kinder und lebten sehr bescheiden in der Schrebergartensiedlung Am Ameisbach im 14. Wiener Gemeindebezirk Penzing. Wie das Schicksal es so wollte, litten alle drei Familienmitglieder außer Martha bald an seltsamen Krankheitssymptomen, die beim invaliden Emil sowie bei ihrer Tochter Ingeborg zum Tod führten. Beide hatten monatelang mit Magenkrämpfen, Lähmungserscheinungen und Sprachstörungen zu kämpfen gehabt. Einzig Sohn Alfons erholte sich im Spital wieder. Martha ging in der Rolle der tapferen Witwe und Mutter, die ihre Familie pflegte und zusätzlich noch mit Geldsorgen kämpfte, komplett auf. Zeitungen stürzten sich auf das Schicksal der jungen Frau, der offenbar nichts im Leben erspart blieb, was eine regelreche Spendenflut hilfsbereiter Leser nach sich zog.

Auch ihre Tante Susanne Löwenstein, wohnhaft in Hietzing, starb kurz darauf – natürlich erst, nachdem sie ihre Nichte zur Universalerbin eingesetzt hatte. Martha Marek zog mit ihrem Sohn schließlich in eine Villa in der Kupelwiesergasse 27 in Hietzing, wo sie in Saus und Braus leben konnte, wie sie es ich immer gewünscht hatte.

Endstation Fallbeil

Das nächste Opfer der Lebedame war ihre Gesellschafterin, die 54-jährige Felicitas Kittenberger, die ebenfalls nach Monaten der Qual an einer mysteriösen Ursache verstarb. Deren hartnäckiger Sohn hegte allerdings Verdacht und erstattete Anzeige. Das Ergebnis der darauffolgenden Untersuchung war eindeutig: Sowohl seine Mutter als auch Mareks Mann, Tochter und Tante waren mit Zelio-Paste ermordet worden, erworben von Martha in einer Drogerie in Hietzing.

Der Prozess entwickelte sich zu einem Medienspektakel. Dass eine so junge und schöne Frau ihre eigene Familie vergiftet haben sollte, nur um an Geld heranzukommen, konnte die Öffentlichkeit kaum fassen. Frühere Unterstützer stellten sich plötzlich gegen die Mörderin mit dem Engelsgesicht. Vor Gericht wusste sich die clevere Betrügerin einmal mehr in Szene zu setzen. Der Gerichtsvorsitzende bezeichnete sie als „Komödiantin", die talentiert Theater spielte. Dazu täuschte sie regelmäßige Anfälle und Blindheit vor, wurde dann jedoch beim Zeitunglesen entdeckt, was ihre Beliebtheitswerte noch weiter sinken ließ.

Am 19. Mai 1938 wurde Martha Marek zum Tode verurteilt, danach allerdings nicht begnadigt, wie die meisten Frauen mit demselben Urteil in den Jahrzehnten davor. Am 6. Dezember wurde sie auf der Guillotine im Wiener Landesgericht hingerichtet. Obwohl angeblich gelähmt, begann sie kurz vor der Exekution mit den Füßen um sich zu treten. Martha Marek ging als erste Frau in die österreichische Kriminalgeschichte ein, die im 20. Jahrhundert am Fallbeil zu Tode kam.

2 DER ERSTOCHENE PFRÜNDNER

Das Pflegeheim Lainz wurde von 1902 bis 1904 nach den Plänen des Stadtbauamtes errichtet und am 12. Juli 1904 eröffnet. Die Anstalt in der **Jagdschlossgasse 59** im 13. Wiener Gemeindebezirk Hietzing bestand aus 31 Gebäuden und diente der Versorgung von Menschen, die nicht mehr ohne fremde Hilfe leben konnten. 1922 erfolgten eine Modernisierung und der Umbau zu einem Alten- und Pflegeheim. 1994 wurde es aufgrund des Altenpflegeskandals um die „Todesengel von Lainz“ – Pflegekräfte, die über mehrere Jahre zahlreiche Patienten ermordet hatten – in „Geriatriezentrum am Wienerwald“ umbenannt, das 2015 für immer seine Pforten schloss.

Im September 1909 wurde in der Versorgungsheimstraße in Hietzing nahe einem Feld die blutüberströmte Leiche des 78-jährigen Johann Horak gefunden. Der Mann hatte sich am Tag zuvor nach einem geselligen Beisammensein mit seinen Freunden in einem Gasthaus auf dem Heimweg zum Versorgungsheim befunden, wo er aber nie ankam. Seine Abwesenheit wurde zwar umgehend bemerkt, aber erst am nächsten Morgen genauer untersucht. Der Mord gilt bis heute als ungeklärt.

Kein Weg zurück

Der Pfründner Johann Horak lebte bereits seit Jahren im Versorgungsheim Lainz in Pflege. Früher hatte er als Bauzeichner gearbeitet und war in fortgeschrittenem Alter in die Anstalt in Hietzing gezogen, wo er als angenehmer und ruhiger Mensch galt. Abend für Abend suchte er gemeinsam mit den Heimbewohnern Leitgeb, Karl und Meister, ebenso Pfründner, ein Gasthaus in der Speisingerstraße 2 auf, wo die vier Männer das eine oder andere Getränk konsumierten und sich angeregt unterhielten. Jeweils um halb neun Uhr abends machten sich die vier auf den Heimweg, da sie aufgrund der strikten Ausgangssperre stets ab neun Uhr in ihren Zimmern sein mussten. Da sich die Freunde in unterschiedlicher gesundheitlicher Verfassung befanden, trennten sie sich auf ihrem Weg ins Heim und marschierten in ihrem eigenen Tempo zurück. Horak konnte mit den anderen kaum Schritt halten und brauchte meist länger, da er wegen seiner Atemnot ab und an pausieren musste.

Jagdschlossgasse 59

Am Abend des 31. August 1909 blieb der 78-Jährige entgegen der täglichen Routine länger im Gasthaus sitzen und schickte seine Kollegen voraus, während er ein paar Minuten später nachkommen wollte. Keiner der anderen Pfründner ahnte, dass sie Johann Horak an jenem Abend zum letzten Mal sahen. Der Weg zwischen dem Gasthaus und dem Versorgungsheim führte an Feldern vorbei und war zwar von Straßenlaternen beleuchtet, lag aufgrund des trüben und regnerischen Wetters an diesem spätsommerlichen Abend aber in früher Dunkelheit.

Mord im Affekt oder aus Rache?

Da die drei Männer in einem anderen Heimtrakt wohnten, bemerkten sie die Abwesenheit ihres Freundes nicht gleich und erfuhren erst am nächsten Tag, dass etwas Schreckliches vorgefallen war. Der Heimleitung fiel zwar bereits kurz nach neun Uhr abends auf, dass einer der Bewohner fehlte, doch es gab immer erst am Morgen danach Konsequenzen für denjenigen, der die Regeln missachtete.

Als Pfleger wie Mitbewohner von dem Mord erfuhren, waren sie in heller Aufregung, konnten aber keinerlei Aussagen zu irgendwelchen Unstimmigkeiten im Leben ihres Bekannten machen. Es gab auch keine Zeugen, die Hilferufe oder einen Streit, in welchen er unter Umständen hineingeraten war, mitbekommen hätten.

In der Beisetzkammer des Versorgungsheims untersuchte der Polizeibezirksarzt den Leichnam und gab zu Protokoll, dass der Mann durch einen Stich in die linke Brust ermordet worden war. Der Tod – ausgeführt durch fremde Hand – war mindestens sechs Stunden vor Auffindung der Leiche eingetreten. Das Tatwerkzeug, ein Messer, hatte Gilet und Hemd durchbohrt und die Hauptblutgefäße getroffen. Eine Raubabsicht konnte die Polizei jedoch umgehend ausschließen, da der gebrechliche Mann nur über eine billige silberne Uhr, einen sehr geringen Geldbetrag sowie ein Taschenmesser verfügt hatte und alles noch bei sich trug. Konnte der altersschwache Horak also Opfer eines Totschlags infolge eines Streits oder eines Rachemordes geworden sein?

Ungeklärt ad acta gelegt

Die drei Pfründner, die mit Horak den Abend zuvor verbracht hatten, wurden einvernommen. Zugetragen hatte sich offenbar Folgendes: Einer der

Herren, mit Nachnamen Karl, bestritt den Heimweg als Erster und wurde von einem Mann in einer fremden Sprache, wahrscheinlich Italienisch, angesprochen. Karl nahm an, dass der Mann bei den Kanalbauten beschäftigt war und nach dem Weg zurück zum Quartier fragen wollte. Als er ihm die Richtung wies, packte ihn der Fremde am Arm und zerrte ihn weiter, doch Karl konnte sich losreißen und zum Versorgungsheim zurückeilen. Konnte der grobe Fremde der Mörder von Horak gewesen und nach der Tat geflüchtet sein? Wollte er den älteren Herrn vielleicht einfach nur bedrohen und war selbst überrascht darüber, dass dieser nach dem vermeintlich harmlosen Stich regungslos zusammenbrach? Das Sicherheitsbüro wollte der Theorie nachgehen und den fremden Mann nicht-österreichischer Herkunft zu den Vorfällen des Abends befragen. Er konnte jedoch nicht mehr aufgefunden werden.

Horaks Tod sollte ungeklärt bleiben, da sich ab dann jegliche Spur zu dem mysteriösen Mord in Hietzing verläuft. Ob Johann Horak von diesem Mann oder einem anderen Täter umgebracht wurde, ist bis heute nicht bekannt.

3 MORD IM LAINZER TIERGARTEN

Der **Lainzer Tiergarten** ist ein Naturschutzgebiet im 13. Wiener Gemeindebezirk Hietzing am Rande der Großstadt. Das beliebte Ausflugsziel für Wiener und Touristen, früher ein Jagdrevier des Kaiserhauses, bietet zahlreiche Sport- und Erholungsmöglichkeiten, Bildungsangebote sowie zwei Naturerlebnispfade mit wissenswerten Informationen über den Lebensraum Wienerwald.

Im Juli 1928 wurde eine verkohlte Frauenleiche mit Schussverletzungen in einem Waldgebiet des Lainzer Tiergartens, genannt Saulackenmais, gefunden. Bei der Toten handelte es sich um die 43-jährige Katharina Fellner, deren Identität erst im Sommer darauf durch die zufällige Entdeckung der Nachbildung einer Zahnbrücke im Wiener Kriminalmuseum (siehe

Seite 45 „Ort der Verbrechen“) geklärt werden konnte. Der Mord im Lainzer Tiergarten gilt bis heute als ungelöst.

Unbekanntes Mordopfer

Katharina Fellner, Mädchenname Schäfter, wurde 1885 in Niederösterreich geboren und stammte aus ärmlichen Verhältnissen. Nachdem ihre Eltern verstarben, zog sie nach Wien, um in einem Kaffeehaus zu arbeiten und ließ sich finanziell von dem einen oder anderen Mann unterstützen. Kurzfristig quartierte sie sich bei der Schwiegermutter des Zahnarztes Dr. Reißberg ein, der später eine wesentliche Rolle bei der Identifizierung ihrer Leiche spielen sollte. Von ihrem Lebensgefährten Wilhelm Weil erhielt sie nicht nur großzügige Geschenke wie Bargeld oder Pelze, sondern auch monatliche Renten. Als Weil verstarb, heiratete sie den Ungarn Andreas Fellner, doch unabhängig von ihrem Beziehungsstatus pflegte sie auch Bekanntschaften zu anderen Männern.

Am 17. Juli 1928 wurden am Nachmittag gegen vier Uhr von einem Gärtner eine Reihe von Schüssen in der Gegend der Hubertuswarte im Lainzer Tiergarten wahrgenommen. Kurz darauf entdeckten zwei Spaziergänger an einer abgelegenen Stelle ein Feuer und darin die Leiche einer Frau. Außerdem erkannten sie in einiger Entfernung einen Mann, der jedoch rasch verschwand. Doch um wen handelte es sich bei der Toten, die mit Benzin und Trockenspiritus übergossen und angezündet worden war? Der Körper der Unbekannten wies so starke Brandverletzungen und Verkohlungen auf, dass eine Identifizierung erst ein Jahr später klappte.

Das Wiener Kriminalmuseum nahm sich der Suche nach der Identität des Opfers an. Doch die Gesichtsrekonstruktion, die Beschreibung ihres auffälligen Kiefers sowie die Dokumentation ihrer Kleidungsstücke blieben erfolglos. Niemand schien die Tote zu kennen. Später stellte sich heraus, dass man dabei folgenschwere Fehler gemacht hatte. Die Dame war auf 20 bis 30 Jahre geschätzt und aufgrund ihrer italienischen Schuhe für eine Ausländerin gehalten worden, auch die Nachbildung des Gesichts war alles andere als exakt ausgefallen.

Identifikation durch Goldbrücke

Erst durch Zufall wurde die Identität des Opfers ein Jahr später geklärt. Hofrat Wildner, der Leiter des Erkennungsdienstes, berichtete seinem

Freund, dem Zahnarzt Dr. Reißberg, von der auffälligen Kieferfehlstellung der Leiche. Reißberg, er leitete eine Ordination in der Brandstätte 9 im 1. Wiener Gemeindebezirk Innere Stadt, wurde hellhörig und warf einen Blick auf den Abdruck. Sofort wusste der Mediziner, dass es sich bei der Toten um seine Patientin Katharina Fellner handeln musste, die ihm durch ihre besondere Kieferstellung im Gedächtnis geblieben war. Vier Jahre zuvor hatte er ihr eine Goldbrücke eingesetzt und erinnerte sich daher gut an sie.

Die Gazetten stürzten sich auf jenen außergewöhnlichen Kriminalfall. Des Raubmordes verdächtigt wurde ein Bekannter des Opfers, der 39-jährige Gustav Bauer, der Fellner dabei unterstützen hatte wollen, ihre Wertsachen zu veräußern. Sie war mit dem Mann, den sie 1921 in Meran kennengelernt hatte, angeblich auch ein Verhältnis eingegangen. Nach ihrem Tod hatte der Mann ihren Schmuck und Pelze verkauft und begründete das später damit, von ihr wegen Geldmangels darum gebeten worden zu sein. Bauer besaß darüber hinaus eine Pistole, die sich schließlich als Mordwaffe herausstellte, sowie eine Flasche mit Reinigungsbenzin. Außerdem besuchte er regelmäßig den Lainzer Tiergarten, gab aber zu Protokoll, den Tatort nicht zu kennen. Da meldete sich ein Chauffeur als Zeuge zu Wort, der Fellner und Bauer exakt am Tag des Verbrechens zu dem Ausflugsgebiet gebracht haben wollte. Der Kaufmann wurde angeklagt, da aber nicht genügend Beweise vorlagen, im März 1931 wieder freigesprochen. Ein Jahr später soll er wegen Perspektivenlosigkeit Selbstmord begangen haben.

Als weiterer Verdächtiger galt Katharinas Ehemann Andreas Fellner, der auch wegen einiger Betrugsdelikte gesucht wurde. Doch auch diese Annahme stellte sich als haltlos heraus. Bis heute gilt der brutale Mord im Lainzer Tiergarten als ungeklärt.

14. & 15. Bezirk

1 Der Dienstmädchenmörder
2 Frauenmord im Schönbrunner Vorpark
3 Blutrausch im Vollrausch
4 Raubmord in Rudolfsheim
5 Blutiger Nachbarschaftsstreit

1 DER DIENSTMÄDCHENMÖRDER

Beim sogenannten Dienstmädchenmörder, der mit seinen beiden Komplizen mindestens vier Frauen in nur einem Jahr umbrachte, handelte es sich um den aus Tschechien stammenden Hugo Schenk. Nach einer rund zehn Jahre dauernden Karriere als Hochstapler und Heiratsschwindler flog der 32-Jährige als falscher Graf auf und wurde in Stein bei Krems inhaftiert, wo er den Dieb Karl Schlossarek kennenlernte. Zusammen mit Hugos geistig behindertem Bruder machten sich die Männer per Zeitungsinserat auf die Suche nach weiblichen Opfern, die sie mit fantasievollen Geschichten um ihr Erspartes erleichterten und danach töteten. In manchen Fällen entledigten sie sich auch zuerst der Dame und nahmen anschließend Geld und Sparbücher an sich. Nach dem vierten Mord wurde Hugo Schenk in Schlossareks Wohnung in der Sturzgasse 1/Lerchengasse 19 (heute **Sturzgasse 2A/Fenzlgasse 19**) im 14. Wiener Gemeindebezirk Penzing festgenommen und in der anschließenden Gerichtsverhandlung zum Tod durch den Strang verurteilt.

Berufswunsch: Hochstapler

Hugo Schenk wurde 1849 in Tschechien als Sohn eines Richters geboren, stammte also aus einer angesehenen Familie. Als 26-Jähriger verließ er allerdings sein Elternhaus und schlug die Laufbahn eines Betrügers ein. Schenk stellte fest, dass er mit seiner schlanken Gestalt, den dunklen Augen und dem gepflegten Schnurrbart bleibende Eindrücke bei der Damenwelt hinterließ und beschloss, sich als Heiratsschwindler zu betätigen. In der Folge gab er sich als Adeliger aus und behauptete, als Ehrenmann schuldlos von den Schergen des Zaren aus Warschau verfolgt zu werden und aus diesem Grund in Not geraten zu sein. Seine weiblichen Opfer, die er wochenlang umgarnte und denen er auch die Ehe versprach, gaben ihm ihr Erspartes und überredeten sogar ihre Eltern, die Mitgift frühzeitig an den Bräutigam auszuzahlen. Nach zahlreichen raffinierten Betrügereien als falscher Graf und einem zweijährigen Kerkeraufenthalt landete Schenk in der Strafanstalt Stein, wo er seinen zukünftigen Komplizen

Karl Schlossarek kennenlernte, der wegen Diebstahls hinter Gittern saß. Nach der Entlassung im Jänner 1883 nahmen die beiden Kriminellen noch Schenks Bruder Karl als Dritten im Bunde auf, der jedoch nur eine mindere Rolle in der künftigen „Raub- und Mord-Compagnie" spielte.

Mord an Nichte und Tante

Das erste Opfer war schon bald gefunden. Der 34-jährigen Josefine Timal erzählte Schenk die Geschichte vom verfolgten Grafen und gab die beiden Kumpanen als seine Diener aus. Beeindruckt vom abenteuerlichen Leben ihres Geliebten nahm die Frau Schenks Heiratsantrag an und begab sich anschließend mit ihm auf Hochzeitsreise nach Krakau. Auf dem Weg dorthin machte das Paar Halt und schlenderte zur Schlucht Gevatternloch, wo der Halunke Josefine vergewaltigte und ihr Geld und Sparbuch abnahm. Dann kam Schlossarek hinzu, knebelte die Frau, band ihr einen Stein um den Leib und schleuderte sie in die Tiefe.

Über die Ehe Bescheid wusste ausschließlich Josefines Tante, Katharina Timal, ein Dienstmädchen in Budweis. Aus Angst, sie könnte die Polizei bei einer Befragung auf seine Spur lenken, lud Schenk die Frau in sein imaginäres Landgut ein – sie sollte mit ihrem gesamten Hab und Gut zu ihm und ihrer Nichte übersiedeln. Als Katharina in Wien ankam, wurde sie von ihrem angeheirateten Neffen in Empfang genommen und nach Krummnußbaum an der Donau gebracht. Dort bat Schenk sie auf ein Boot, da man auf dem Weg zum neuen Wohnsitz den Strom überqueren müsse. Als Fährmann fungierte Karl Schlossarek. Der überwältigte die Frau sogleich, nahm ihr ein Sparbuch mit 1.200 Gulden ab und würgte sie. Als sich Katharina wehrte, zückte sein Komplize ein Schlachtermesser und schnitt ihr die Kehle durch. Gemeinsam versenkten die beiden die Leiche anschließend in der Donau.

Zwei weitere Morde, Verhaftung und Hinrichtung

Sechs Wochen später lernte Schenk das Dienstmädchen Theresia Ketterl kennen, die er in Lilienfeld ermordete und in die Schlucht Sternleiter warf. Er war zu dem Zeitpunkt bereits im Besitz ihres Schmuckes und ihres Ersparten in der Höhe von 1.400 Gulden. Beim vierten Opfer handelte es sich um Rosa Ferenszi, mit der sich der Kriminelle ein wenig länger auseinandersetzen musste, da es zu Problemen bei der Behebung ihres

Geldes kam. Als die finanzielle Situation geregelt war und sich die Frau in dem Glauben befand, ihrem Liebsten mit ihren 800 Gulden aus einer Notlage geholfen zu haben, unternahmen die beiden am 28. Dezember 1883 einen Ausflug nach Kittsee im Burgenland. Bei einem Spaziergang entlang der Donau sprang plötzlich Karl Schlossarek aus dem Gebüsch und zertrümmerte der überrumpelten Rosa mit einer Hacke den Schädel. Gemeinsam beschwerten die beiden Männer die Leiche mit einem Stein und warfen sie in die Donau.

Zwei Wochen später verhaftete die Polizei Hugo Schenk in der Wohnung seines Freundes in der Sturzgasse 1/Lerchengasse 19. Einen Tag später wurden auch die beiden anderen Täter festgenommen. Noch in der Nacht darauf erfolgte ein Geständnis.

Schenk und Schlossarek hat man nach ihrer Verhandlung zum Tod durch den Strang verurteilt und im April 1884 im Wiener Landesgericht exekutiert. Schenks mittlerweile schwer lungenkranker Bruder kam mit einer Haftstrafe davon. Seiner ahnungslosen Gattin Wanda widmete der Mörder seine letzten Worte: „Bitte grüßen Sie meine Frau“, bat er den Priester, kurz bevor ihm der Henker am Galgen den Strick um den Hals legte.

2 FRAUENMORD IM SCHÖNBRUNNER VORPARK

Der **Auer-Welsbach-Park** ist mit einer Fläche von 110.000 Quadratmetern der größte Park im 15. Wiener Gemeindebezirk Rudolfsheim-Fünfhaus und wurde 1890 unter dem ursprünglichen Namen Schönbrunner Vorpark angelegt. Im Gegensatz zum barocken Schönbrunner Schlosspark fällt er durch den Stil eines englischen Landschaftsgartens auf. Bis 1992 gehörte die Grünanlage zum 14. Wiener Gemeindebezirk Penzing. Eine im südöstlichen Teil befindliche Graupappel steht unter Naturschutz und stammt noch aus der Zeit vor Errichtung des Parks.

Im August 1905 entdeckte ein kleiner Junge im Schönbrunner Vorpark eine Frauenleiche. Schnell stand fest: Es handelte sich um einen Mord, der nicht vor Ort begangen worden war. Man hatte den leblosen Körper an den Fundort gebracht. Einziger Anhaltspunkt war das Monogramm B.B. auf dem Hemd der Toten. Der Fall, der anfangs besonders mysteriös wirkte, konnte durch die Gesprächsbereitschaft einer Zeugin bereits am nächsten Tag aufgeklärt werden. Bei dem Mörder handelte es sich um den 29-jährigen Geliebten der Frau.

Raubmord an der Geliebten

Während der Recherchen der Polizei verbreiteten sich Gerüchte, dass sich am 28. August 1905 in der Anschützgasse im 15. Wiener Gemeindebezirk Rudolfsheim Fünfhaus etwas Seltsames ereignet hatte. Ausgangspunkt jener Erzählungen war die Quartiergeberin des Ehepaares Prügel, die behauptete, an besagtem Tag dramatische Szenen und eigenartige Geräusche im Haus mitbekommen zu haben. Bei dem Erwähnten handelte es sich um den Motorführer der städtischen Straßenbahnen, den 29-jährigen Johann Prügel, verheiratet und Vater zweier Kinder. Aufgrund der Aussage der Quartiergeberin, der sich daraus ergebenden Untersuchung der Wohnung des Ehepaars Prügel und den Spuren vor Ort stand rasch fest, dass es sich um den Tatort des Mordes an der jungen Frau handelte, deren Leiche im Schönbrunner Vorpark gefunden worden war. Es stellte sich heraus, dass die Getötete ein Dienstmädchen aus Schlesien mit Namen Berta Böhm war. Doch woher kannten sich Täter und Opfer und welches Motiv kam infrage?

Mädchenfänger Prügel

Der Verdächtige wurde von Nachbarn seines Hauses als „Mädchenfänger" bezeichnet. Zweimal wöchentlich ging er ins Kaffeehaus und vertiefte sich dort in Zeitungsannoncen, wovon er die chancenreichsten für Affären herausfilterte. Im Frühjahr des Jahres 1905, als sich seine schwangere Frau wegen einer Verletzung wochenlang im Spital aufhielt, begann er ein Verhältnis mit einem Mädchen, gab vor, Witwer zu sein, und entlockte ihr Geld. Im Verhör behauptete Prügel, dass er sich rechtzeitig eine neue Lebensgefährtin, im besten Falle eine hübsche, wohlhabende Dame, hatte suchen wollen, da er davon ausgegangen war, seine Frau käme kaum mehr lebend aus dem Krankenhaus. Da die Geliebte seine Lüge, Witwer zu sein, allerdings entlarvte, verließ sie ihn. Auch bei einer Trafikantin versuchte er sein Glück, die ihn jedoch klipp und klar abwies. Im Jänner 1905 lernte er mittels Zeitungsannonce das Dienstmädchen Berta Böhm kennen.

Prügel und Böhm verabredeten sich und gingen schließlich ein Liebesverhältnis ein. Der 29-Jährige gab vor, unverheiratet zu sein und sie ehelichen zu wollen. Drei Wochen vor ihrem Tod war sie in die Heimat gereist und kehrte am Tag des Verbrechens mit der Nordbahn nach Wien zurück, wo Prügel sie empfing und in seine Wohnung mitnahm. Auf der Fahrt dorthin dürfte die Frau ihrem Geliebten gestanden haben, ein Kind von ihm zu erwarten, und ihn an sein Versprechen erinnert haben, sie zu heiraten. Nachdem Prügels Gattin, die er als seine Schwester ausgab, und seine Kinder das eheliche Quartier verlassen hatten, waren die beiden schließlich allein, und Prügel traf eine folgenschwere Entscheidung.

Verhaftung am Arbeitsplatz

Der Mann würgte seine Geliebte bis zur Besinnungslosigkeit und schlug ihr mit einer Hacke auf die linke Schläfe, bis sie nicht mehr lebte. Zunächst beließ er die Leiche zu Hause, wo Frau und Kinder mit dem Opfer gemeinsam die Nacht verbrachten, während er außer Haus die Zeit totschlug. Seiner Frau drohte er damit, sie umzubringen, sollte sie ihn bei der Polizei ans Messer liefern. Am nächsten Tag gegen zwei Uhr nachmittags packte er die Leiche in einen Koffer und trug sie ins Dickicht des Schönbrunner Vorparks. Dort deckte er sie mit Laub zu, damit sie möglichst lange unentdeckt blieb. Zusätzlich raubte Prügel dem Mädchen Geld, das seine Gattin umgehend verwendete, um Schulden beim Greißler zu tilgen. Den leeren Koffer trug er wieder zurück in seine Wohnung, wo er später von der Polizei – gemeinsam mit der Tatwaffe – sichergestellt wurde.

Am Tag nach dem Mord wollten Exekutivbeamte den verdächtigen Mann in seiner Wohnung verhaften, doch trafen sie dort nur die Ehefrau an. Diese gestand, dass ihr Mann Berta Böhm getötet und mit ihrer Hilfe in einem Koffer weggeschafft hatte. Auch die Quartiergeberin des Paares bestätigte, den Mann am Nachmitttag mit einem großen Gepäcksstück weggehen gesehen zu haben. Die Polizei traf Prügel bei der Arbeit in der Hütteldorferstraße an, wo er gerade seinen Motorwagen lenkte. Er wurde an Ort und Stelle verhaftet, was großes Aufsehen erregte.

Das Ehepaar Prügel wurde im Landesgericht in Verwahrungshaft genommen. Nur ein paar Tage später unternahm die Frau den Versuch, ihrem Leben durch Erhängen ein Ende zu setzen, woraufhin man sie für intensive Beobachtungen ins Inquisitenspital brachte. Im Zuge des Prozesses im März 1906 wurde Johann Prügel des tückischen Raubmordes und Heiratsschwindels für schuldig erklärt und zum Tod durch den Strang verurteilt. Seine Frau erhielt wegen entfernter Mitschuld eine dreijährige schwere Kerkerstrafe. Das Urteil nahmen beide regungslos zur Kenntnis. Am 21. Juli hat man Prügel zu lebenslangem Kerker begnadigt.

Auer-Welsbach-Park

3 BLUTRAUSCH IM VOLLRAUSCH

Im September des Jahres 1869 betrat der 34-jährige Johann Schack angetrunken und wütend die Wohnung von Johann Heß, der das direkt daneben befindliche Branntweinfachgeschäft in der Schmidgasse 3 (heute **Braunhirschengasse 3**) im 15. Wiener Gemeindebezirk Rudolfsheim-Fünfhaus führte. Der Täter stürmte in die Stube, zückte ein Fleischermesser und stach Heß damit in die Herzgegend. Als die Ehefrau des Angegriffenen davonlief, um Hilfe zu holen, flüchtete Schack, konnte aber kurz darauf in seiner Wohnung aufgegriffen werden. Das Opfer erlag drei Tage später seinen Verletzungen, sein Mörder wurde aufgrund zahlreicher mildernder Umstände zu nur fünf Jahren schwerem Kerker verurteilt.

Eine leidenschaftliche Aversion

Johann Schack führte zusammen mit seiner Mutter ein Gasthaus, das sich direkt neben dem Branntweingeschäft von Johann Heß in der Schmidgasse 3 befand. Er war als brutaler Raufbold bekannt und hatte deshalb bereits Jahre zuvor eine längere Arreststrafe verbüßt. Gegen Johann Heß hegte er eine leidenschaftliche Aversion, weil dieser sich mit Schacks Schwester eingelassen hatte. Es waren deshalb auch schon viele böse Worte und Drohungen seitens des wütenden Gastwirts gefallen, doch der Ladenbesitzer führte sein außereheliches Verhältnis fort und nährte damit bei seinem Erzfeind die Rachegelüste.

Am 9. September 1869 trank sich Schack dann mit jeder Menge Schnaps Mut an, um seinen Worten Taten folgen zu lassen. Nachdem er einige Zeit vor dem Geschäft seines Widersachers auf und ab gegangen war, ihn aber nicht hinter dem Verkaufstresen entdeckte, stürmte er gegen zwei Uhr nachmittags in dessen Wohnung. Diese besaß eine Verbindungstür zum Branntweinfachgeschäft und konnte durch dasselbe betreten werden. Die Eheleute pflegten häufig auch in ihrer Stube im geselligen Beisammensein an ihre Stammkunden Alkohol auszuschenken.

Mit dem Fleischermesser zum Erzfeind

In den Räumlichkeiten von Katharina und Johann Heß angekommen, schrie der Eindringling: „Ihr Bande! Einen Branntwein!" Die Eheleute, die gerade dabei waren, ihre Blumen zu gießen, erschraken über das Auftauchen ihres rabiaten Nachbarn und lehnten es ab, ihm Alkohol auszuschenken, mit der Begründung, dass er bereits betrunken genug wäre. Daraufhin stürzte sich Schack ohne Zögern auf den Liebhaber seiner Schwester, packte ihn am Hals und drückte ihm die Kehle zu. Der Attackierte hatte nicht die geringste Chance, diesem überraschenden Angriff zu entkommen. Katharina Heß eilte davon, um Hilfe zu holen, während der Wüterich ein von ihm mitgebrachtes riesiges Fleischermesser zückte und es seinem Erzfeind auf der linken Seite in die Brust rammte.

Die Gattin des Opfers kehrte wenige Minuten später wieder in die Wohnung zurück und lief dabei Schack in die Arme, der sie sofort brutal niederschlug, ehe er sich aus dem Staub machte. Die Frau raffte sich auf und lief zu ihrem Ehemann, der mit einer tiefen Wunde in der Brust blutend auf dem Boden lag. Heß wurde von den etwas später erscheinenden Sanitätern ins Krankenhaus gebracht. Das blutige Gilet des Opfers, durch das hindurch gestochen worden war, und die Tatwaffe nahmen die Polizisten mit.

Trotz Plan und Motiv nur fünf Jahre Kerker

Kurz darauf wurde der Mörder in seiner Wohnung, vor der sich bereits eine große Menschenmenge gebildet hatte, festgenommen und abgeführt. Im Verhör redete sich Johann Schack auf seine Alkoholsucht aus. Er behauptete, die Tat aus Wut darüber begangen zu haben, dass man ihm nichts mehr zu trinken hatte geben wollen, und er deshalb durchgedreht sei. Doch schon bald geriet er wieder in Rage, als er Angaben über sein Verhältnis zu Heß machen sollte, und rief, dass er ihn nach überstandener Strafe endgültig „kaputtmachen" würde. Johann Heß erlag zwei Tage später jedoch seinen schweren Verletzungen.

Während der Verhandlung im November 1869 sagten zahlreiche Zeugen aus, dass der Wirtshausbetreiber schon ewig einen Groll gegen seinen Nachbarn gehegt und oft im Suff damit gedroht hatte, „diesen mit einem großen Schlachtermesser zum Abstechen für Säue niederzumetzeln". Obwohl die Tat also geplant war und es ein handfestes Motiv dafür gab, erhielt Schack vom Gerichtshof ein sehr mildes Urteil und musste nur für fünf Jahre hinter Gitter.

4 RAUBMORD IN RUDOLFSHEIM

Anton Senekl war ein Raubmörder, der im August 1902 in der **Grimmgasse 37** im 15. Wiener Gemeindebezirk Rudolfsheim-Fünfhaus eine Trafikantin im Schlaf erstach und beraubte. Mit seinem neu gewonnenen Reichtum feierte er in derselben Nacht ein ausgelassenes Fest, bis ihn schließlich im Wiener Prater ein Wachmann abführte. Der 28-jährige Senekl zeigte bis zuletzt keine Reue und wurde im April 1903 hingerichtet.

Brutaler Überfall

Wilhelmine Jüllich von Julienthal verkaufte seit 47 Jahren Tabakwaren und Lotterielose in ihrer kleinen Trafik in der Grimmgasse 37 im 15. Wiener Gemeindebezirk Rudolfsheim-Fünfhaus und lebte direkt daneben in einer bescheidenen Einzimmerwohnung. Täglich gegen neun Uhr abends kam ihre Bedienerin Barbara Weber, verschloss Trafik und Wohnung von außen und kehrte am nächsten Morgen wieder, um aufzusperren.

In der Früh des 9. August 1902 war alles anders. Die Bedienerin fand die Trafikantin tot in einer Blutlache in ihrem Bett liegend vor, fünf tiefe Wunden in der Brust und den Hals durch Messerstiche beinahe durchtrennt. Der Täter musste sich ins Schlafzimmer der Geschäftsfrau geschlichen und auf sie gewartet haben, ehe er über sein Opfer hergefallen war. Im Anschluss an den brutalen Mord hatte er Preziosen, Silbersachen, Briefmarken, Zigarren, Brieflose und Geld an sich genommen und war aus dem Fenster gestiegen. Vom Raubmörder fehlte zunächst jede Spur, einzig ein Fußabdruck auf einem Tuch wurde in der Wohnung entdeckt. Darüber hinaus hatte sich an den Abenden vor dem Verbrechen ein junger Mann in der Nähe der Trafik verdächtig verhalten, der danach als Gaffer immer wieder an den Tatort zurückkehrte.

Ganz Wien war schockiert, die Gazetten überschlugen sich und eine regelrechte Jagd auf den Täter setzte sich in Gang.

Flucht aus dem Gefängnis

Zwei Tage später ereignete sich eine folgenschwere Begegnung zwischen dem Sicherheitswachmann Johann Eckersdorfer und einem verdächtigen

Herren, der auf dem „Selbstmörderbankerl“ im Wiener Prater saß, wo schon viele Menschen ihrem Leben ein Ende bereitet hatten. Eckersdorfer richtete das Wort an den Fremden, wovon der sich offenbar in die Enge getrieben fühlte. Er biss den Wachmann in die rechte Hand und bedrohte ihn mit einem Hirschfänger, der sich später als Tatwaffe im Fall des Raubmordes an der alten Trafikantin herausstellen sollte. Dabei handelt es sich um eine 30 bis 40 Zentimeter lange Stichwaffe, die zum Abfangen eines Hirsches verwendet wird. Der Wachmann schrie laut auf, was dessen Kollegen herbeieilen ließ. Zu zweit führten sie den Mann zum Polizeikommissariat ab.

Zu diesem Zeitpunkt wusste noch niemand, dass es sich bei dem Verrückten um den 28-jährigen Raubmörder Anton Senekl handelte, nach dem seit der Wahnsinnstat in Rudolfsheim intensiv gefahndet wurde. Senekl war von kleiner Statur, wirkte jugendlich und unschuldig, hatte aber bereits eine Vielzahl an Vorstrafen vorzuweisen.

Er wurde 1874 in Mähren geboren, kam 1892 nach Wien und erlernte das Handwerk des Messerschmiedens. Ab 1900 saß er mehrmals wegen Diebstahls hinter Gittern. Hinzu kam ein Einbruch in Preußisch-Schlesien, der ebenso in einer Gefängnisstrafe endete. Zuvor hatte er gestohlene Goldstücke ins Land geschmuggelt, die an die Sohlen seiner Stiefel geklebt und danach mit Pech übergossen worden waren. Nach kurzer Zeit floh Senekl aus dem Gefängnis zu Fuß nach Wien und landete bei seiner Geliebten Ludmilla Lhotak, die in einer kleinen Wohnung in der Eduard-Sueßgasse 26 im 15. Wiener Gemeindebezirk Rudolfsheim-Fünfhaus lebte.

Spätes Geständnis und Todesurteil

Ein paar Tage nach seiner Flucht beging Anton Senekl den brutalen Mord an der alten Trafikantin. Ihm war bekannt, dass die Dame unverheiratet und somit nachts allein war, da Senekl sie von früher kannte. Außerdem vermutete er Geld aus den Einnahmen ihres Geschäfts in ihrer Wohnung. Tagelang leugnete er nach seiner Verhaftung, etwas mit der brutalen Tat zu tun zu haben, bis er schließlich ein Geständnis ablegte. Er gab zu Protokoll, das Opfer am Abend beobachtet zu haben und dann durch die Küche ins Haus eingestiegen zu sein. Er versteckte sich im Schlafzimmer und wartete auf die Frau. Nachdem er sie umgebracht hatte, wusch er sich die Hände in der Waschschüssel, suchte nach Wertgegenständen und verließ den Tatort. In derselben Nacht genoss er seinen neugewonnenen Reichtum, feierte ausgelassen und landete im Wiener Prater, wo er auf erwähnten Wachmann stieß.

Selbst im Gefängnis zügelte der reuelose Täter sein Temperament nicht, verübte einen brutalen Mordanschlag auf einen Justizwachebeamten und bedrohte Zellengenossen mit dem Umbringen. Am 24. Februar 1903 wurde Anton Senekl zum Tod durch den Strang verurteilt, die Exekution übernahm Scharfrichter Josef Lang am 25. April am Galgenhof des Wiener Landesgerichts. Bis zuletzt zeigte der Raubmörder keinerlei Reue, sondern präsentierte sich auffallend heiter. Die Nacht vor der Hinrichtung verbrachte er schlaflos und insgesamt 28 Zigarren rauchend. Seine letzten Worte sollen „Leckt's mi …" gewesen sein.

5 BLUTIGER NACHBARSCHAFTSSTREIT

Die Handwerker Veit Wlaschek und Kaspar Krampert, beide wohnhaft im Haus Floragasse 9 (heute **Friesgasse 9**) im 15. Wiener Gemeindebezirk Rudolfsheim-Fünfhaus, waren wie Hund und Katz und lagen sich wegen jeder Kleinigkeit in den Haaren. Im Juni 1872 trafen die beiden nachmittags in einem Gasthaus aufeinander und schon nach kurzer Zeit kam es zu lautstarken Auseinandersetzungen zwischen den verfeindeten Männern. Als der Sohn von Krampert hinzukam, eskalierte die Situation, woraufhin der Wirt die drei Streithähne aus dem Lokal warf. Nach einer kurzen Rauferei ging jeder seiner Wege, doch im Wohnhaus traf man sich wieder und begann von neuem, aufeinander loszugehen. Das Ergebnis: Kaspar Krampert wurde von Veit Wlaschek beinahe erschlagen, derselbe dann vom Sohn seines Rivalen erstochen. Johann Krampert stellte sich der Polizei und wurde wegen Totschlags zu drei Jahren Kerkerhaft verurteilt.

Wie Hund und Katz

Der 30-jährige Tischler Veit Wlaschek und der 49-jährige Zimmermaler Kaspar Krampert lebten vis-à-vis im ersten Stock des Hauses Friesgasse 9 und waren schlechte Nachbarn: Sie stritten wegen jeder Kleinigkeit und drohten einander immer wieder mit dem Umbringen. Auch Johann, der 22-jährige Sohn des Anstreichers, der noch bei seinen Eltern lebte, äußerte mehrfach im Beisein von Zeugen: „Ich muss dem böhmischen Hund noch den Garaus machen." Die Ehefrauen der beiden Kontrahenten gingen anfänglich auch nicht gerade zimperlich miteinander um und verteilten bei temperamentvollen Wortduellen Ohrfeigen. Irgendwann beendeten sie jedoch ihr zänkisches Verhalten und litten ab dem Zeitpunkt sehr unter dem ständigen Unfrieden und der vergifteten Atmosphäre im Haus. Es gab zahlreiche Versuche und Bemühungen, Frieden zu stiften und die Feindschaft der Männer zu beenden, doch diese blieben alle erfolglos. Kaum herrschte ein paar Tage Ruhe, begann der Zank aus geringem Anlass kurz darauf wieder von vorne. Wlaschek und Krampert wurden auch mehrmals handgreiflich gegeneinander, doch zu ernsthaften Verletzungen kam es dabei nie. Das sollte sich an einem frühsommerlichen Nachmittag im Jahr 1872 ändern.

Rauschige Keilerei

Schon am Tag zuvor gipfelte eine lautstarke Auseinandersetzung in den Worten Kaspar Kramperts: „Her da, damit ich den Böhm erschlage." Er versuchte dabei, in die Räumlichkeiten seines Widersachers einzudringen, konnte aber von anderen Hausbewohnern daran gehindert werden. Später am selben Abend gerieten auch seine Söhne Johann und Karl mit zwei anwesenden Handwerksgehilfen des Tischlers in Streit.

In den frühen Morgenstunden des 9. Juni 1872 wurde der 22-jährige Johann Krampert verhaftet, weil er lautstark vor der Tür des verhassten Nachbarn herumgeschrien hatte, kam allerdings bald wieder frei. Gegen drei Uhr nachmittags ging der Tischler Veit Wlaschek ins Gasthaus *Fortuna* in der Kirchengasse in Neubau, um dort nach erledigter Arbeit ein Bier zum Feierabend zu genießen. Eine halbe Stunde später betraten der Zimmermaler Kaspar Krampert und kurz darauf auch sein Sohn Johann das Lokal. Nachdem die drei Männer Bier getrunken hatten, begann ein lautstarkes Wortgefecht, das der Wirt mit dem Hinauswurf der drei Störenfriede beendete. Diese gerieten auf der Straße in eine kurze Keilerei, danach gingen die Gegner getrennte Wege. Doch rund eine halbe Stunde später kam es in der Floragasse 9 zum blutigen Showdown.

Der finale Kampf

Die Kampfhähne prügelten sich, kaum nach Hause zurückgekehrt, gegenseitig durch das halbe Stiegenhaus. Unter dem Geschrei ihrer Ehefrauen schlugen sie sich gegenseitig immer wieder die Faust ins Gesicht. Plötzlich griff Veit Wlaschek nach einer Eisenstange, die er zur Sicherheit am Gang neben seiner Tür versteckt hatte, und schlug seinem Feind damit auf den Kopf. Der Zimmermaler brach sofort blutüberströmt zusammen, woraufhin dessen Sohn ein Messer aus seiner Tasche zog und dem Tischler fünf Stiche in die Herzgegend versetzte. Nachdem Wlaschek röchelnd in seine Wohnung gekrochen und dort tot liegen geblieben war, lief der 22-Jährige sofort zum nächsten Polizeikommissariat und stellte sich selbst. Die Tatwaffe fand man später mit abgebrochener Spitze in einem Abwasserkanal nahe dem Haus, in dem die verfeindeten Nachbarn lebten. Der schwer verletzte Kaspar Krampert wurde ins Krankenhaus gebracht und überlebte die Attacke.

Das streitlustige Vater-Sohn-Duo stand im August 1872 vor Gericht. Kaspar Krampert erhielt wegen schweren Raufhandels eine achtmonatige, Johann Krampert wegen Totschlags eine dreijährige Kerkerstrafe.

18. Bezirk

1 Die tote Kartenaufschlägerin

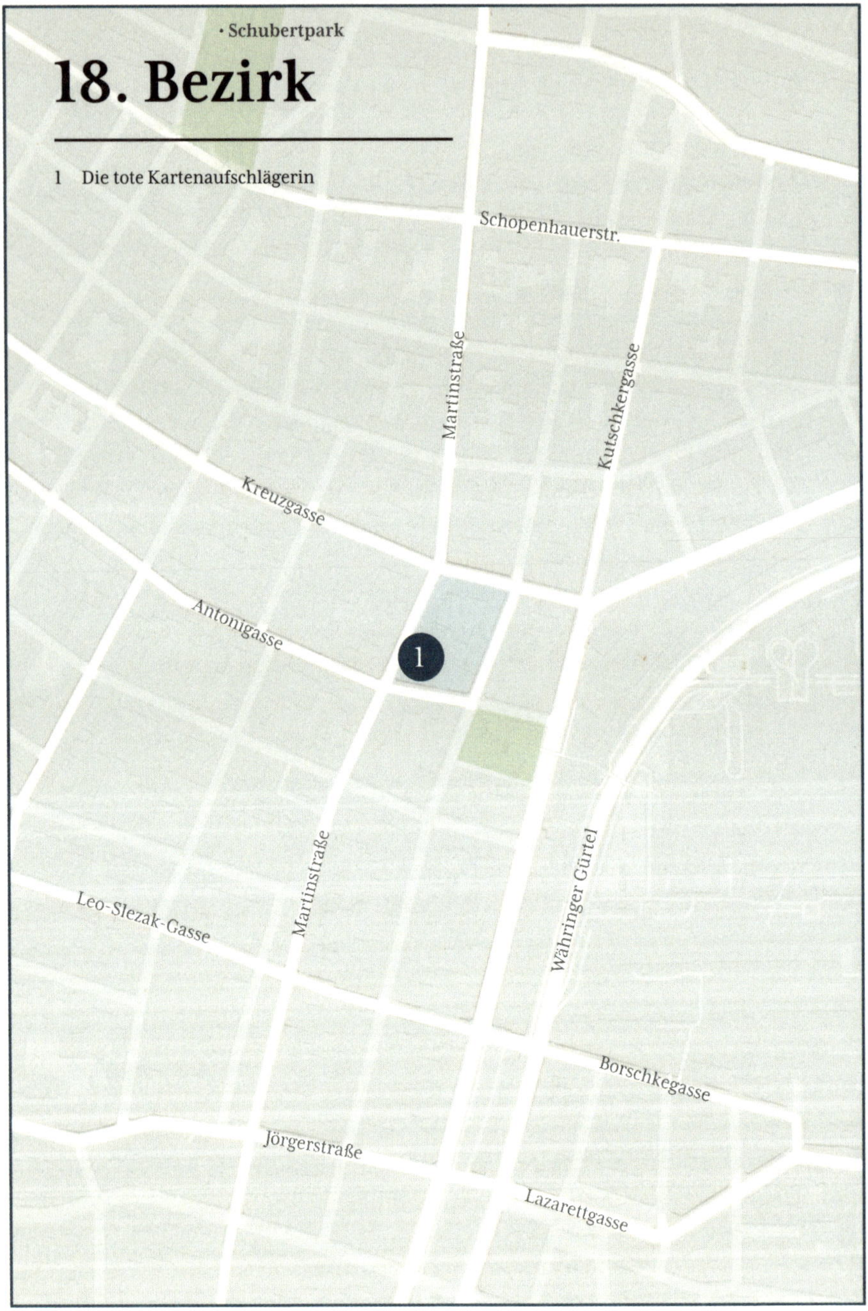

1 DIE TOTE KARTENAUFSCHLÄGERIN

Die 51-jährige Katharina Kron bewohnte mit ihrem Partner Valentin Odahal eine Wohnung im zweiten Stock des Hauses **Martinstraße 44** im 18. Wiener Gemeindebezirk Währing. Tagsüber nähte sie Handschuhe, abends ging sie in Privatwohnungen zum Kartenlegen und nachts suchte sie entlang des heutigen Gürtels nach Freiern. Ende 1873 beschloss Katharina Kron, ihren Job als Dirne aufzugeben, empfing zu Hause aber weiterhin ein paar Stammkunden. Einige Wochen nach ihrer Entscheidung, das „Lotterleben" sein zu lassen, wurde sie von ihrem Partner in der Stube ihrer Wohnung erdrosselt aufgefunden. Nach monatelangen Ermittlungen, auch gegen Valentin Odahal, musste man diese ohne Erfolg einstellen – der Mord an der „Kron-Kathl" blieb ungeklärt.

Nebenerwerbstätigkeiten einer Handschuhnäherin

Katharina Kron erwirtschaftete ihren Lebensunterhalt als Handschuhnäherin und fristete ein sehr bescheidenes Dasein – so zumindest beschrieben sie ihre Nachbarn und Bekannten. Die dürre und fast zahnlose Frau saß den ganzen Tag in ihrer Stube und ging ihrem Handwerk nach. Als ihr fester Partner galt der 49-jährige Valentin Odahal, der sein Geld als Stadtkurier verdiente. Nicht viele Menschen wussten über die anderen Erwerbstätigkeiten der fleißigen Handarbeiterin Bescheid.

Kron verließ mehrmals pro Woche abends ihr Zuhause und begab sich in die Wohnungen ihrer Klienten, um diesen die Karten zu legen und für sie in die Zukunft zu blicken. Anschließend, wenn es bereits dunkle Nacht war, schlich sie unerkannt durch die Straßen und strebte dem Stadtrand zu. Dort ging sie an den Liniengräben entlang des Linienwalls, dem heutigen Gürtel, auf Freiersuche. Hin und wieder besuchte sie auch Stammkunden in deren Privatquartieren. Odahal wusste über den Nebenerwerb seiner Freundin Bescheid, betätigte sich schon bald als ihr Zuhälter und kassierte einen Teil der Einnahmen.

Eine leblose „Konkubine" auf dem Sofa

Mit Beginn des Jahres 1874 beschloss die Handschuhnäherin, ihren „Nebenberuf" aufzugeben, wobei sie das Kartenlegen durchaus zu den seriösen Jobs zählte und weiterhin betreiben wollte. Ihr Partner war damit nicht einverstanden, was er der 51-Jährigen lautstark auseinandersetzte, wie die Nachbarn des Paars später bestätigen würden. Ein weiterer Streitpunkt war die Tatsache, dass Odahal aufgrund eines Fußleidens seinen Beruf längere Zeit über nicht ausüben konnte.

Katharina Kron blieb jedenfalls bei ihrer Entscheidung, da sie bereits ein paar hundert Gulden angespart hatte, beschloss allerdings, einige wenige langjährige Kundenkontakte weiter zu pflegen. Sie empfing die Männer ab diesem Zeitpunkt auch in ihrer Stube, teilweise sogar tagsüber, während ihr Lebensgefährte ins Wirtshaus ging – so auch am 20. Jänner 1874. Als Odahal an diesem Tag gegen sechs Uhr abends etwas angetrunken in die Wohnung zurückkehrte, fand er Kron halbnackt auf dem Sofa liegend leblos vor. Es herrschte großes Durcheinander in den Räumlichkeiten, und ein paar Kleidungsstücke fehlten. Odahal eilte aufgeregt auf die nächste Sicherheitswachstube und erstattete Anzeige wegen Mordes an seiner „Konkubine".

Es stellte sich heraus, dass man die Handschuhnäherin erwürgt hatte, und zwar mit so viel Kraft, dass diese nicht einmal mehr zu schreien in der Lage gewesen war. Einige Wertgegenstände befanden sich nicht mehr an Ort und Stelle, wohingegen ein Koffer mit Geld und Schmuckstücken unangetastet im Eck der Stube stand. Der Wert des Diebesguts bezifferte sich auf 14 Gulden. Odahal wurde in Verwahrungshaft genommen.

Ein neuer Verdächtiger

Weitere Einvernahmen im Haus ergaben, dass von einem Nachbarn ein kleiner stämmiger Mann gesehen worden war, der im Tatzeitraum zwischen fünf und sechs Uhr abends aus dem Haus geeilt war. Dieser hatte auf die Frage, ob er bei der Kartenaufschlägerin zu Besuch gewesen sei, mit einem barschen „Nein" geantwortet.

Bereits einen Tag nach dem Mord an der „Kron-Kathl" tauchte der mutmaßliche Täter, ein etwa 30-jähriger untersetzter Mann mit schwarzem

Haar, dunklen Augen und „grober Stimme", bei einer Trödlerin in Hernals auf, um die geraubten Wertgegenstände zu versetzen. Die Geschäftsfrau ließ ihn aber nach erfolgtem Handel ziehen, da sie zu diesem Zeitpunkt noch keine Kenntnis von dem Verbrechen hatte.
Im Dezember 1874 verübte ein gewisser Wilhelm Kunz einen brutalen Raubmord in Wien Währing und begab sich anschließend mit einigen Bekannten auf Einkaufs- und Sauftour, nachdem er von einem Lotteriegewinn erzählt hatte. Er wurde jedoch rasch ausfindig gemacht und verhaftet. Da er zur Täterbeschreibung im Fall Kron passte, konnte nicht ausgeschlossen werden, dass es sich bei ihm um den Mörder der Handschuhnäherin handelte.

Obwohl einige Zeugen den Mann als jenen identifizierten, der im Tatzeitraum das Haus in der Martinstraße 44 verlassen und bei der Trödlerin das Diebesgut versetzt hatte, konnte ihm die Tat nie zweifelsfrei nachgewiesen werden. Das Verbrechen an Katharina Kron blieb unaufgeklärt.

DANKSAGUNG

Wir bedanken uns ganz herzlich bei Alexander Blümel für die Fotos und Oliver Schäfers für das Zurverfügungstellen seiner Kamera.

QUELLEN

Stand aller Internetseiten Jänner 2021

Allgemeine Quellen

Ehrlich, Anna: Hexen, Mörder, Henker. Eine Kriminalgeschichte. Amalthea, Wien 2016.
Hasmann, Gabriele: Prominente Geister. Wo berühmte Persönlichkeiten in Österreich spuken. Ueberreuter, Wien 2017.
Hasmann, Gabriele / Wolfgang, Sabine: Die Wilde Wanda und andere gefährliche Frauen. Verbrecherinnen über die Jahrhunderte. Ueberreuter, Wien 2019.
Lindner, Anna / Gasser, Thomas: Wiener Kriminalschauplätze. 50 Orte des Verbrechens. Metroverlag, Wien 2009.
Markus, Georg: Es war ganz anders. Amalthea, Wien 2013.
Schimmer, Helga: Mord in Wien. Haymon, Innsbruck 2018.
Zeppelzauber Andreas / Zeppelzauber Regina: Mord. Die spektakulärsten Mordfälle Österreichs. Psychogramme, Bilder und Berichte, Graz 2005.
http://anno.onb.ac.at
http://www.apa.at
https://www.geschichtewiki.wien.gv.at
https://www.digital.wienbibliothek.at
http://www.wikipedia.at
Kriminalmuseum Wien

Der Opernmörder

https://kurier.at/chronik/wien/heute-vor-50-jahren-der-opernmord-erschuetterte-ganz-oesterreich/4.673.813
https://www.news.at/a/das-ende-opernmoerders-josef-weinwurm-74-stein-90577
https://www.wienerzeitung.at/nachrichten/reflexionen/geschichten/752070_Abgrundtiefer-Frauenhass.html
https://www.wienerzeitung.at/nachrichten/chronik/wien/150261_Opernmoerder-Josef-Weinwurm-in-Stein-gestorben.html
https://www.diepresse.com/1588610/wien-64-schwerer-kerker-und-fasttag-fur-den-opernmorder
https://www.derstandard.at/story/1769333/opernmoerder-starb-in-der-haft
http://www.viennatouristguide.at/Friedhoefe/Grinzing/pers_grinzing/fuhrich.htm
https://podcasts.apple.com/au/podcast/episode-13-der-wiener-opernmord/id1489644583?i=1000466477246
http://www.diekriminalisten.at/krb/show_art.asp?id=1753
https://haftwien.wordpress.com/2004/09/18/josef-weinwurm-tot-1930-2004/
https://deacademic.com/dic.nsf/dewiki/1053356

Attentat auf den Professor

https://sciencev1.orf.at/news/144908.html
https://www.derstandard.at/story/2000039508140/die-verfolgung-und-ermordung-des-moritz-schlick
https://geschichte.univie.ac.at/de/artikel/der-mord-prof-moritz-schlick
https://www.biographien.ac.at/oebl/oebl_S/Schlick_Moritz_1882_1936.xml
https://phaidra.univie.ac.at/view/o:12074
https://event.univie.ac.at/raummanagement/standorte-und-raeume/das-hauptgebaeude/veranstaltungsraeume/der-festsaalbereich/
https://beyondarts.at/guides/uni-wien-hauptgebaeude/die-aula-der-universitaet-wien/philosophenstiege/

Lynchjustiz an einem Minister

http://cityabc.at/index.php/Kriminalfall:_Graf_Baillet_von_Latour_und_das_Gaskandellaber

Wie im Film

B., Anna Marie: Allmanach der Verbrecher. Von Menschen, die sich bewusst außerhalb der Gesetze stellten. neobooks, 2020.
https://www.falter.at/zeitung/20090128/wien-und-seine-turmspringer-das-gibt-einen-aufruhr/1829290022
http://cityabc.at/index.php/Kriminalfall:_Der_Nasen-Komplex-M%C3%B6rder
http://cityabc.at/index.php/Bauernmarkt_22
https://www.erichs-kriminalarchiv.de/1941-1960/1-seite-mit-15-faellen.html
https://www.ivoox.com/episode-42-johann-bergmann-audios-mp3_rf_58419649_1.html

Die erdrosselte Grabennymphe
Rohregger, Peter: Liebespein. Wahre Geschichten über gestrauchelte Mädchen und listige Damen. BoD, Norderstedt 2018.

Der gewaltsame Tod eines Mathematikers
http://cityabc.at/index.php/Johannesgasse_19

Ort der Verbrechen
http://www.kriminalmuseum.at/
https://www.wien.info/de/sightseeing/sehenswuerdigkeiten/g-k/kriminalmuseum
https://www.stadt-wien.at/kunst-kultur/museum/kriminalmuseum.html
https://www.1000things.at/info/wiener-kriminalmuseum/
https://www.stadtbekannt.at/spaziergaenge/das-wiener-kriminalmuseum/

Mord am Russendenkmal
https://www.wienerzeitung.at/themen/100-jahre-republik/100-jahre-republik-chronik/958264-Der-Mord-am-Russendenkmal.html
https://www.derstandard.at/story/923189/erhebungen-im-44-jahre-alten-mordfall-von-ilona-faber
https://www.diepresse.com/4855473/wien-geheimnisvoll-und-grauenhaft
https://magazin.wienmuseum.at/75-jahre-russendenkmal-am-schwarzenbergplatz
http://ki3.at/der-fall-ilona-faber
http://cityabc.at/index.php/Kriminalfall:_Der_Mord_an_Ilona_Faber
https://www.youtube.com/watch?v=kOlXq_KowWQ

Blutige Scheidung
http://cityabc.at/index.php/Kriminalfall:_Die_Axtmörderin_Theresia_Kandl
https://hauntedvienna.blogspot.com/2014/03/theresia-kandl-die-schonste-morderin_21.html?q=Kandl
https://www.mein-oesterreich.info/wissenswertes/kriminalfaelle.htm
https://pagewizz.com/theresia-kandl-die-schoenste-moerderin-von-wien/
http://www.planet-vienna.com/spots/kandlkapelle/kandlkapelle.htm

Im Schlaf getötet
Edelbacher, Maximilian / Seyrl, Harald: Tatort Wien. 1. Band – Die Zeit von 1900–1924. Edition Seyrl, Wien 2004.
https://www.erichs-kriminalarchiv.de/1901-1920/2-seite-mit-15-faellen.html

Blutige Tragödie
https://oe1.orf.at/artikel/205365/Tenor-Karriere-mit-toedlichem-Ende

Ein makabrer Fund
Kumhofer, Fritz: Es war nicht wie im Fernsehen. Ein Wiener Kieberer erzählt, wie es wirklich war. Dachbuch Verlag, Wien 2020.
Schimmer, Helga: Mord in Wien. Haymon, Innsbruck 2018.
https://www.parlament.gv.at/PAKT/VHG/IX/NRSITZ/NRSITZ_00025/imfname_156678.pdf
http://www.diekriminalisten.at/krb/show_art.asp?id=2076
https://castbox.fm/episode/Episode-3%3A-Der-Mord-an-Ilse-Moschner-id2709535-id247696755?country=de
https://podtail.com/podcast/austrian-true-crime-duo/episode-3-der-mord-an-ilse-moschner/
https://www.podcast.de/episode/443904454/Episode+3%3A+Der+Mord+an+Ilse+Moschner/
https://audionow.de/podcast/wiener-blut

Die letzte Todesstrafe
https://www.sn.at/panorama/oesterreich/1950-die-letzte-hinrichtung-in-oesterreich-auf-dem-wuergegalgen-27149869
https://www.diepresse.com/5708610/beste-storys-ndash-schlag-nach-bei-markus
https://wiev1.orf.at/stories/431009
https://www.bmi.gv.at/magazinfiles/2020/03_04/kriminalgeschichte_bf_20200318.pdf
https://www.executedtoday.com/tag/johann-trnka/
https://www.veko-online.de/62-archiv/ausgabe-6-13/284-kriminalgeschichte-ein-resozialisierter-lustmoerder.html
https://www.truecrimelibrary.com/crimearticle/johann-trnka/
http://www.diekriminalisten.at/krb/show_art.asp?id=2061
https://www.wikiwand.com/de/W%C3%BCrgegalgen
https://www.wikiwand.com/de/Landesgericht_f%C3%BCr_Strafsachen_Wien

Die Mörderin mit dem Fleischwolf
Zäuner, Günther: Halbseidenes Wien. 23 Wiener Bezirks-Krimis. federfrei, Wien 2016.
https://www.wienerzeitung.at/nachrichten/wissen/503412_Mörderin-mit-Engelsgesicht.html
https://austria-forum.org/af/Wissenssammlungen/Essays/Vermischtes/ M6rderin_mit_Engelsgesicht 189
http://www.krimiwelten.de/Die-zarte-Hand-des-Todes/04-Weibliche-Tugenden/04-06-Adrienne-Eckhardt.htm

Schaurig schöner Friedhof
http://friedhof-der-namenlosen.at/
https://www.wien.gv.at/kultur/religion/friedhof-der-namenlosen.html
https://www.wien.info/de/sightseeing/sehenswuerdigkeiten/a-z/friedhof-namenlosen
https://www.stadt-wien.at/wien/sehenswuerdigkeiten/friedhof-der-namenlosen.html
https://www.meinbezirk.at/wien/c-lokales/der-namenlosen_a4032180
https://www.madamewien.at/am-friedhof-der-namenlosen/
https://thegap.at/friedhof-der-namenlosen-wien/
https://www.vienna.at/gedenkfeier-fuer-verstorbene-am-friedhof-der-namenlosen-in-wien/6406716
https://www.vienna-tourist.com/friedhof-der-namenlosen/
https://www.fof-ohlsdorf.de/144s12_friedhof-der-namenlosen-wien
https://www.wienholding.at/Presse/Presseaussendungen/Namenlos-aber-nicht-vergessen-Der-Friedhof-der-Namenlosen
https://vorsorgeweitblick.lv1871.de/2017/09/der-friedhof-der-namenlosen-in-wien/
http://www.sagen.at/texte/sagen/oesterreich/wien/doku/friedhof_der_namenlosen.html
http://www.suf.at/wien/friedhofnamenlos.htm
https://www.stadtbekannt.at/spaziergaenge/der-friedhof-der-namenlosen1/
http://cvketteler.blogspot.com/2017/11/ein-ausflug-zum-friedhof-der-namenlosen.html
https://taz.de/Der-Friedhof-der-Namenlosen/!1260043/
https://viennaghosthunters.net/seiten/fdn2.html

Blondes Gift
Berthold, Willi: Vollstreckt. Johann Reichart, der letzte deutsche Henker. Goldmann, München 1984.
http://www.serienkillers.de/histor-serienmörder/l-z/marek-martha/

Mord im Lainzer Tiergarten
https://www.derstandard.at/story/2000108779522/die-spektakulaersten-kriminalfaelle-aus-150-jahren-wiener-polizeigeschichte
https://www.news.at/a/wien-kriminalmuseum-mord-im-lainzer-tiergarten
https://medienundzeit.at/der-mordfall-katharina-fellner-im-jahr-1928-kriminalberichterstattung-der-zwischenkriegszeit-am-beispiel-der-wiener-boulevardzeitung-der-tag-ein-arbeitsbericht/
https://medienundzeit.at/wp-content/uploads/2015/02/MZ_digital_1991-02_ocr.pdf
https://www.mein-oesterreich.info/wissenswertes/kriminalfaelle.htm
http://stadtlebenwien.at/kriminalmuseumwien/
https://www.bmi.gv.at/magazinfiles/2005/05_06/files/gesichtsrekonstruktion.pdf
https://sagniemalsnie.com/coldcase/zeitlinie.pdf

Der Dienstmädchenmörder
https://bm15blog.wordpress.com/2020/04/20/frauenmoerder-hugo-schenk/
http://cityabc.at/index.php/Kriminalfall:_Hugo_Schenk,_der_Dienstbotenm%C3%B6rder#cite_ref-1
http://www.crimezzz.net/serialkillers/S/SCHENK_hugo.php

Frauenmord im Schönbrunner Vorpark
https://www.wien.gv.at/umwelt/parks/anlagen/auwels.html

Raubmord in Rudolfsheim
https://bm15blog.wordpress.com/2019/02/18/raubmoerder-anton-senekl/
https://www.kriminalia.de/2013/06/aus-dem-leben-des-scharfrichters-josef-lang/
https://www.digital.wienbibliothek.at/wbrobv/content/titleinfo/816087